Gerhard Bliersbach

Mit Kind und Kegel

verstehen lernen

Gerhard Bliersbach

Mit Kind und Kegel

Ein Ratgeber für Patchworkfamilien

Psychosozial-Verlag

Bibliografische Information der Deutschen Nationalbibliothek
Die Deutsche Nationalbibliothek verzeichnet diese Publikation in der Deutschen Nationalbibliografie; detaillierte bibliografische Daten sind im Internet über http://dnb.d-nb.de abrufbar.

Originalausgabe

E-Mail: info@psychosozial-verlag.de
www.psychosozial-verlag.de

Umschlagabbildung: © frimages, *Nette Familie Muster*, Thinkstock/iStock
Umschlaggestaltung & Innenlayout nach Entwürfen von Hanspeter Ludwig, Wetzlar
Satz: metiTec-Software, me-ti GmbH, Berlin
www.me-ti.de
ISBN 978-3-8379-2512-8 (Print)
ISBN 978-3-8379-7403-4 (E-Book-PDF)

Inhalt

Für Hildegard

Es gibt keinen vernünftigen Grund, perfekt sein zu wollen. [There is no point in aiming perfection.]

Donald Woods Winnicott,
Talking to Parents, *1993*

Die Vergangenheit ist niemals tot. Sie ist noch nicht einmal vergangen. [The past is never dead. It's not even past.]

William Cuthbert Faulkner,
Requiem for a Nun, *1951*

Alle Gesellschaften träumen – wir nennen es Kultur. [All societies dreams – we call it culture.]

Christopher Bollas,
Mental Pain – Avenali Lecturer, *2016*

Vorwort

Wenn es schnell gehen soll, geht es langsam. Der Schnürsenkel reißt beim Anziehen eines Schuhs. Die elektronische Post wird ohne den versprochenen Anhang losgeklickt. Der Brief, verschlossen und frankiert, wurde nicht unterschrieben. Ungefähr ein Jahr hatte ich für den Text des Patchworkbuches veranschlagt – im Frühjahr 2014 begonnen ist er (mit einigen Unterbrechungen) im März 2018 fertig geworden.[1]

Schreiben bedeutet, sich gut zu erinnern. Meine ersten Erfahrungen mit dem familiären Gefüge des – in unserem anglisierten Deutsch sogenannten – Patchworks liegen ein Vierteljahrhundert zurück. Damals verfasste ich nach und nach mehrere Texte. Sie waren der Versuch, mir buchstäblich Raum zum Nachdenken zu verschaffen. Gegen das Verfassen eines erneuten Textes, so wurde mir erst langsam klar, sträubte ich mich: Ich wollte mich nicht so genau erinnern an unsere strapaziösen, zähen, sich allmählich beruhigenden Auseinandersetzungen, Konflikte und Spannungen. Außerdem sperrte ich mich gegen das englisch aufpolierte Wort-Ungetüm des familiären Flickwerks – obgleich ich es benutze[2].

---

1 Ich danke Jessica Vogt und Hans-Jürgen Wirth vom Psychosozial-Verlag für ihre Geduld.

2 Siehe meine Arbeiten »Schwierige Verhältnisse« (in *Psychologie Heute*, 1/1999), *Halbschwestern, Stiefväter und wer sonst noch dazu gehört: Leben in Patchwork-Familien* (Düsseldorf: Walter, 2000), »Wirrungen und Irrungen neuer Familienformen. Die Glücksverheißungen der Moderne und die Patchworkfamilie« (in *Neue Züricher Zeitung*, Nr. 162 vom 15./16.7.2006) und *Leben in Patchwork-Familien: Halbschwestern, Stiefväter und wer sonst noch dazu gehört* (Gießen: Psychosozial-Verlag, 2007).

Schreiben ist eine einsame und eine bezogene Aktivität: Der Autor bewegt sich in vielen imaginierten Beziehungen – zu seinen (schreibenden) Kollegen und Kolleginnen, Freunden, Angehörigen und Verwandten, die er auf die eine oder andere Weise im Blick hält; schließlich will man sich später noch in die Augen sehen können. Es gibt, wurde mir klar, ein gar nicht so einfach aufzulösendes Missverständnis: Stief- und Patchworkfamilien werden wie Synonyme verstanden. Dagegen gewissermaßen anzuschreiben, fiel mir schwer und dauerte lange.

Die *Patchworkfamilie* ist ein offener, aber ungenauer Begriff für die gegenwärtige Form familiärer Zellteilung. Wenn die Eltern auseinandergehen, etabliert jeder Elternteil seine eigene familiäre Einheit: Aus einer Familie werden zwei Familien. Beide Familien bleiben aufeinander bezogen und miteinander beschäftigt aufgrund der weiterhin bestehenden (gesetzlich für den Normalfall geregelten) gemeinsamen Sorge der (getrenntlebenden) Eltern für ihre Kinder. Deshalb gehört zur Patchworkfamilie (des einen Elternteils) die zweite Patchworkfamilie (des anderen Elternteils) – weshalb man besser von einem *Patchworksystem*[3] spricht.

Die Stieffamilie ist ein anderes familiäres Gefüge. Es gibt einen signifikanten Unterschied. Eine Stieffamilie hat den irreparablen Verlust eines Elternteils zu verkraften. Eine Patchworkfamilie hat den irreparablen Verlust der Gegenwart des Elternpaares und damit den Verlust der familiären Umwelt (mit ihrer Vertrautheit und ihrem Sicherheitsgefühl) zu verkraften; beide Elternteile leben an getrennten Orten und bleiben aufgrund ihrer elterlichen

---

3 Die Verständigung auf einen tragfähigen Begriff ist schwer. Im Französischen gibt es das präzise Wort der *recomposition familiale*. Christine Borer und Katharina Ley haben den ebenfalls präzisen Ausdruck *Fortsetzungsfamilie*, der sich bei uns nicht durchgesetzt hat, geprägt. Im Englischen ist die *stepfamily* üblich. Es kursieren auch die Wörter von der *extended* und *blended family* – die Variation des Begriffs vom verschnittenen Whiskey *(blended whiskey)*, nicht weit von unserer Patchworkfamilie entfernt.

Verpflichtung (wie auch immer) miteinander beschäftigt und aufeinander bezogen; so sind die Elternteile anwesend und abwesend zugleich. Diese Lebenswirklichkeit einer unklaren (familiären) Gegenwart ist für alle Beteiligten verwirrend und schwierig; bis sie sich zu einer Gewissheit stabiler Getrenntheit sortiert und sich das Gefühl von (familiärer) Sicherheit (einigermaßen) etabliert hat, vergeht einige Zeit.

Schließlich fiel mir die Aufgabe des Ratgebens schwer. Guter Rat ist teuer, sagt man. Aber wie und wann ist ein Rat ein guter Rat? Was kann man raten, wenn es um zentrale Lebensentscheidungen geht? Was kann man Eltern raten? Was kann man beispielsweise der Mutter von zwei Kindern und ihrem kinderlosen Partner raten, die sich entschließen, in einer familiären Einheit zusammenzuleben, die den kuriosen Namen *Patchwork* hat? Was kann man dem Patchworkpaar raten, das unter den täglichen Konflikten und ständigen Spannungen leidet und sich streitet und sich immer wieder mühsam beruhigt? Ratgeben ist ein sehr persönliches, von den konzeptionellen Überzeugungen und Lebenserfahrungen unterfüttertes Geschäft – und der Ratgeber läuft ständig Gefahr, die eigene Lebensgeschichte als Erfolgsgeschichte auszugeben.

Sein Leben zu leben ist schwierig. Im Laufe eines Lebens bleiben Lebenswünsche auf der Strecke oder werden verfehlt. Beziehungen, die mit heftigen Verliebtheiten (als die leidenschaftlichen Verdichtungen intensiver Lebenswünsche) begonnen und gelebt wurden, müssen im Laufe der Jahre die gegenseitigen Ernüchterungen über die vielfältigen Unterschiede aushandeln und in einer Form wohlwollender (liebevoller) Solidarität ertragen. Das gelingt am ehesten, wenn man den eigenen Stolz nicht zum unverrückbaren Maßstab von Beziehungspositionen macht und die Kränkungen der Ernüchterung aushält. Kränkungen verletzen häufig die Gewissheiten und Überzeugungen des eigenen Selbstbildes. Wer lässt sich schon gern infrage stellen und sich auffordern, sein Selbstbild zu korrigieren? Sich dagegen zu wehren und zu widersprechen, ist die leichtere Übung. Aber die hartnäckige Verteidigung des Selbstbildes ist unklug (weil die eigenen Gewissheiten sich häufig als luftig erweisen), anstrengend, nicht hilfreich und lässt einen schlecht aussehen. Die Möglichkeit, falsch zu liegen, sollte man sich selbst immer einräumen. Skepsis sich selbst gegenüber (im Wettbewerb des Rechthabens) und selbstironische Beweglichkeit sind sehr zu empfehlen.

Die Patchworkfamilie ist eine andere Familie als die sogenannte *Kleinfamilie,* die unser noch immer führender familiärer Prototyp ist. Aber andererseits ist die Patchworkfamilie auch nicht so sehr anders. Ihre Mitglieder müssen sich gut sortieren. Das Zuhause ist zuerst einmal ziemlich zugig. Sie leben unter den verschärften Bedingungen, längere Zeit mit fremdem Dauerbesuch auskommen zu müssen: Für die Kinder ist der Partner oder die Partnerin fremd, für den Partner oder die Partnerin sind die Kinder fremd. Fremdheit, wenn man aufeinander zugeht (was nicht einfach ist), schleift sich im Kontakt ab. Man sollte sie nicht in eine schnelle Vertrautheit zwingen. Sich Zeit zu lassen ist gar nicht schlecht. Zum abwesenden, getrenntlebenden Elternteil muss das Patchworkpaar eine tragfähige Beziehung herstellen, die zugleich Getrenntheit realisiert und Kooperation gestattet, aber Nachkarten und Konkurrenz vermeidet. Das ist das zweite grundsätzliche Problem des Lebens in einer Patchworkfamilie: der großzügige Ausgleich und Umgang mit den Empfindlichkeiten, Kränkungen und Verletzungen ihrer Mitglieder. Man kann im Patchwork über sich viel lernen.

Hückelhoven-Ratheim im März 2018

Lese-Empfehlung

Das Schöne an der Lektüre eines Buches ist: Man kann anfangen, wo man will. Niemand zwingt einen, den Text von der ersten bis zur letzten Seite penibel zu studieren. Manche Leser lesen bei einem Kriminalroman zuerst das letzte Kapitel: das Wissen um die endgültige Identifikation des Protagonisten des (mörderischen) Plots entlastet von der Not des atemlosen Verschlingens eines spannenden Buches. Hier kann man zu lesen beginnen, wo man interessiert aufmerkt. Zwar wurde das Buch (ungefähr) in der Reihenfolge geschrieben, in der es jetzt vorliegt, aber man kann die einzelnen Kapitel für sich lesen – weshalb einige Ideen wiederholt und variiert werden. Dennoch: Der Ordnung des Buches zu folgen, wird die Lektüre erleichtern.

Zwei Grundideen verfolge ich in diesem Buch. Erstens: Die Patchworkfamilie unterscheidet sich von der Stieffamilie dadurch, dass ihre Mitglieder nicht den irreparablen Verlust eines Elternteils, sondern den Verlust der Beziehung der Eltern sowie den Verlust der vertrauten familiären Umwelt – und damit den Bruch des Versprechens von Elternschaft – verkraften müssen; beide Elternteile leben an verschiedenen Orten; das Paar gestaltet seine Beziehung nur noch in den Momenten einer Absprache oder eines Kontaktes. Die Beziehungen des Elternpaares existieren nunmehr vor allem in den Bewegungen des inneren Dialogs und in den Erinnerungen und Imaginationen der Angehörigen. Zweitens: aus Eins macht Zwei. Die Eltern gehen auseinander; jeder Elternteil lebt in seiner Patchworkfamilie. Beide Familien sind aufeinander bezogen und bleiben (wie auch immer) miteinander beschäftigt: Die Eltern sind im Interesse ihrer Kinder (gesetzlich) verpflichtet, sich zu verständigen und sich abzustimmen – zu kooperieren. Anders gesagt: Das Patchwork entsteht durch familiäre Zellteilung; ob es funktioniert, entscheidet das getrenntlebende Elternpaar im produktiven Prozess des Aushandelns einer vernünftigen Kommunikation und Interaktion der beiden Patchworkfamilien.

Wahrscheinlich werden Sie sich einlesen müssen. Wahrscheinlich werden Sie Geduld aufbringen müssen. Das Patchwork ist kompliziert; das verschweige ich in diesem Buch nicht. Wolfgang Janke, der Kölner Philosophieprofessor, dessen Vorlesungen über Gottfried Wilhelm Leibniz ich (in den 1960er Jahren) aufzunehmen versuchte, sagte damals den Satz: *Es ist kompliziert, aber nicht schwierig.* Wolfgang Janke empfahl, nicht aufzugeben. Das empfehle ich auch. Direkte Lösungen werden hier nicht angeboten; die zu erwartenden Konflikte werden beschrieben und Empfehlungen zur Beruhigung gegeben; eine Haltung der Großzügigkeit wird vorgeschlagen. Die These des Buches ist: Die Vorsilbe *stief-* ist in einer Patchworkfamilie nicht zu gebrauchen, sie verwirrt nur, weshalb hier nicht von Stiefkindern, Stiefmüttern, Stiefvätern oder Stiefgroßeltern gesprochen wird. Kindern reicht ihr Elternpaar. Der oder die *Stief* ist ihnen – davon sollte man ausgehen – lästig und zu viel. Die Partner und die Partnerinnen der Elternteile, die hinzukommen, sind für die Kinder Fremde. Die Kinder sind für die Partner und die Partnerinnen Fremde. Die Partner und die Partnerinnen sind froh, wenn sie nicht sofort das Stiefelternamt übernehmen sollen und einspringen müssen. Wie vertraut die Akteure und Akteurinnen sich gegenseitig werden und ob sich im Beziehungsgefüge des Patchworks die gegenseitige Fremdheit in eine vorsichtige Zuneigung wandelt, ergibt sich im Prozess der Bildung des Patchworks. Sie werden sehen.

Prolog

Vergessen Sie die oder den *Stief!* Wir sind im *Patchwork!*

»Das ist meine Stiefmutter«, stellt Ute die Frau ihres Vaters vor, mit der sie an mehreren Tagen in der Woche unter einem Dach lebt. Ihre Mutter, die ins Gespräch zu bringen Ute vermeidet, ist abwesend. Ute kommt sich wie eine Verräterin vor, weil sie mit der Präsentation der Stiefmutter ihre Mutter in den Hintergrund drängt und damit verkauft. *Was tut man nicht alles für den Vater*, sagt sie sich im (geschützten) inneren Dialog, *außerdem ist sie ja ganz nett und hat was.* Dennoch: Ihr Zugeständnis zur *Stiefmutter* findet Ute scheußlich und gemein und *blöd.* Möglicherweise wird später ihr Vater sie, der die Szene beobachtet und ihren Kotau (den Ute, nicht ihr Vater empfindet) registriert hat, auch noch loben: honorierter Verrat. Kinder und Jugendliche haben eine präzise Moral und ein gutes Gefühl für Fairness. Wahrscheinlich würde Ute in diesem Moment wenig trösten, wenn man ihr sagen würde, dass der taktische Kotau – die Unterwerfung unter einen Chef oder eine Chefin, unter eine Hierarchie oder eine Firmenpolitik – tägliche berufliche Praxis der Erwachsenen ist. Ihr Vater, weiß sie, ist an unbelasteten Kommunikationen und Interaktionen interessiert; für jede Geste ihres *Goodwill* ist er ihr dankbar.

»Das ist mein Stiefsohn«, stellt Georg den jungen Mann mit schlechtem Gewissen vor, mit dem er an mehreren Tagen in der Woche zusammenlebt. Der Vater steht nämlich in dieser Abendgesellschaft ein paar Schritte weiter entfernt. Georg, der sich mit der Vorstellung als Stiefvater etabliert, kommt sich wie ein Dieb vor, der dem Vater den Sohn entführt und sich ein Amt anmaßt, das schon besetzt ist. Unsicher und aufgeregt beobachtet er den Vater, ob der ihn gehört haben könnte. Er hofft, dass der Vater nicht hingehört hat. Was passiert, wenn beide – Georg und der Vater – sich begegnen? Sind sie zwei Kollegen, die in derselben Firma arbeiten, die Stieffamilie oder Patchworkfamilie heißt? Eine schwierige Begegnung. Ein ziemlich *uncooler* Moment. Augenhöhe wäre schön. Aber so groß fühlt sich Georg gerade nicht. Selbst kinderlos wäre er selbst gern Vater. Deshalb ist die Vokabel Stiefvater eine verführerische Einladung zu einer Art von räuberischer Amtsanmaßung und zur Selbstüberschätzung. *Ich habe etwas vom Hochstapler*, sagt er sich.

Wie kann man Ute und Georg helfen? Leider ist das Personal einer Patchworkfamilie umständlich zu sortieren. Probieren wir es einmal anders. »Das ist die Frau meines Vaters«, stellt Ute die Partnerin ihres Vaters in einer geselligen Runde vor. »Das ist der Sohn meiner Frau«, stellt Georg den jungen Mann vor, mit dem er unter einem Dach lebt. Das sind nüchterne Beschreibungen der familiären Verhältnisse. Ute sagt: die Frau ihres Vaters ist *nicht* ihre Mutter; indem sie von der *Frau des Vaters* spricht, spricht sie auch von ihr als der *zweiten* Frau ihres Vaters, die ihrer Mutter als Partnerin nachfolgt. So muss sie ihre Mutter nicht ersetzen und verschweigen und sie braucht sich nicht wie eine Verräterin zu fühlen. Georg muss sich nicht als ein Hochstapler vorkommen, der sich aneignet, was ihm nicht gehört; er markiert seine Differenz zum Vater und muss sich ihm gegenüber nicht *klein* fühlen.

Die Enge der Verpflichtung zum *Stief* ist verflogen – Ute und Georg können durchatmen. Bei der *Frau meines Vaters* und bei dem *Sohn meiner Frau* müssen Ute und Georg ihren Blick nicht senken. Mit einer solchen sprachlich präzisen, wenn auch umständlichen Bezeichnung ist eine Art von Training in Furchtlosigkeit verbunden. Man übt sich in das Erzählen der eigenen Familiengeschichte ein, lernt das Sprechen, deutet wie selbstverständlich das die Patchworkfamilie konstituierende, aber ungern zugegebene (Familien sprengende) Begehren der beiden Erwachsenen an, verliert das Gefühl von Beschämung und ist näher an der Wirklichkeit der eigenen Familienform. Man kann sich in die Augen sehen. Die *Frau meines Vaters* und der *Mann meiner Mutter* aus der Sicht des Kindes, die *Tochter meines Mannes* und der *Sohn meiner Frau* sind aus der Sicht des Partners und der Partnerin präzise, grammatisch kräftige Genitiv-Identifikationen und Auskünfte über schwierige, aber lebensfähige Lebensentscheidungen: Je mehr sie ausgesprochen werden, umso mehr mildert sich die Scheu, über die eigene Patchworkfamilie angemessene Auskunft zu geben.

Einleitung

Zum Tangotanzen wird ein Paar benötigt. Zur Konzeption eines Kindes wird – wie immer sie realisiert wird – ein Paar benötigt. Zur Elternschaft wird ein Paar benötigt. Ein seine Kinder versorgender und fördernder Elternteil benötigt die lebendig gehaltene Imagination eines Elternpaares. Die Eltern benötigen ihre Eltern.

Wie ein Paar sich findet, wie es seine Beziehung gestaltet, wie lange es zusammenbleibt, hängt von den jeweiligen individuellen Lebensentwürfen, aber auch von den kollektiv geteilten Lebenswünschen sowie von den persönlichen Lebensumständen und Lebensmöglichkeiten ab. Ein Paar bindet sich, verpflichtet sich, hat Kinder oder hat keine Kinder, hält sich aus oder geht auseinander. Mit anderen Partnern und Partnerinnen werden neue Paare und neue Familien gebildet. Lebensprozesse sind unübersichtlich; im Laufe unseres Lebens machen wir sie uns als Lebensgeschichten (einigermaßen) erzählbar. Die *Patchworkfamilie* ist unser neues bundesdeutsches Stichwort – seit den 1990er Jahren im Umlauf unserer öffentlichen Diskussion – für eine Lebensform und für eine Lebenserzählung, die *Stieffamilie* hieß und *Stieffamilie* heißt. Dass wir ein neues Wort haben, deutet an: Etwas scheint sich verändert zu haben.

Wir nehmen direkt oder indirekt an dem großen, ungeplanten Experiment der Erprobung der Lebensformen und der Beweglichkeit von Beziehungs- und Bindungsformen teil. Wie stark die Familienbande gedehnt werden können, wird derzeit getestet. Was aus diesem Experiment wird, müssen wir sehen. Es hat weitreichende Folgen – politisch, gesellschaftlich, psychosozial. Die Sozialisationsformen, die Lebensformen und die Beziehungsformen verändern sich. Die sogenannte Heiratsneigung – statistisch mit der Zahl der Eheschließungen erfasst – hat (in der zweiten Hälfte des letzten Jahrhunderts) abgenommen, die Scheidungsraten haben zugenommen und seit einigen Jahren ein in etwa stabiles, wenig abnehmendes Niveau erreicht (ein gutes Drittel der in einem Jahr geschlossenen Ehen wird innerhalb von 25 Jahren aufgelöst); die Geburtsrate ist bei uns vergleichsweise niedrig, hat aber leicht zugenommen. Sind das gute oder schlechte Zeichen?

Wir wissen es nicht. Die Zukunft ist unsicher, die Ungewissheit strapaziös. Wohin unsere Evolution uns bewegt, übersehen wir nicht. Die Effekte kann man erst nach Generationen einschätzen. Vielleicht – fortschrittshoffnungsvoll, wie wir sind – überschätzen wir sie.[4] Technische Veränderungen des Alltags dagegen lassen sich gut abschätzen; sie werden als Fortschritt begrüßt oder als Belastung beklagt, kommen einem entgegen und erzeugen Gewinne oder kommen einem quer und hinterlassen eine Spur von Verlusten. Darüber kann man sich freuen oder muss sich grämen. Die Digitalisierung – der gegenwärtig wahrscheinlich stärkste Eingriff einer industrialisierten Kulturtechnik in unseren privaten wie beruflichen Alltag – hat unser Leben erleichtert und erschwert. Wer den Anschluss nicht verlieren will, muss sich neben dem Training gewisser Fingerfertigkeiten in die Logik und in die Sprachen der mobilen und nicht so mobilen

---

4 Seine Arbeit *Die Heilige Familie und ihre Folgen* beendet Albrecht Koschorke mit diesem Resümee: »Es hätte auch ganz anders kommen können, vom Jahr eins ausgesehen. Eine Serie von Zufällen hat dazu geführt, dass man *in der Retrospektive* die zurückliegenden zweitausend Jahre als Nachgeschichte der Heiligen Familie erzählen kann« (2011, S. 219; Hervorh. i. Orig.). Die *heilige Familie*, salopp gesagt, ist unsere *Kernfamilie*: Mutter, Vater, Kind. Sie stellt weiterhin das Grundmuster und das Motiv-Reservoir, so Koschorke, unserer familiären Lebensformen. Seine Bilanz des gegenwärtigen Status der Kleinfamilie: »Die Ordnung der Familie ist im Rückzug begriffen« (ebd., S. 216).

Geräte einarbeiten oder sich durch sie hindurch quälen – je nach Neigung und Fähigkeit. Das liegt nicht jedem und bereitet manchem sicherlich unruhige Nächte und Tage des Schwitzens. Die psychosozialen Folgekosten der Digitalisierung kommen langsam in den Blick der öffentlichen Diskussion. Wir werden sehen, wie hoch sie sein werden. Wenn wir uns umhören und umsehen, sind sie nicht niedrig.

Die Sorgen um die eigene und um die Existenz unserer Welt belasten. Unser Energiebedarf ist weiterhin erheblich – obgleich wir mit weniger Energie auskommen wollen. Wir – die eine gute Milliarde Bürger und Bürgerinnen der westlichen Länder – leben weiterhin sehr aufwendig. Millionen Rechner stehen unter Strom; manche brauchen für ihre riesigen Kühlapparaturen mächtige von Dieselmotoren angetriebene Generatoren. Die Digitalisierung – dieser mit vielen Versprechen auftrumpfende Imperialismus einer Arbeits-, Mitteilungs- und Beziehungstechnik, von der wir noch nicht wissen, ob und wie menschenfreundlich sie sich auswirken wird – wirft allerdings auch einen langen Schatten auf die Folgen des maßlosen Fantasierens vom Wachstumsfortschritt und der irreversiblen Ausbeutung unseres Planeten[5] im Dienste der Kontinuität unserer (offenbar sehr schwer, aber sich allmählich verändernden) demokratisch legitimierten Lebensformen.

Jetzt haben wir neben der Stieffamilie die Patchworkfamilie. Die Begriffe werden abwechselnd gebraucht, als bedeuteten sie das Gleiche. Sie bedeuten aber etwas Verschiedenes. Früher entstand die Stieffamilie – der Begriff ist im Althochdeutschen für das 8. Jahrhundert zum ersten Mal dokumentiert – durch den irreparablen Verlust eines Elternteils; jemand kam als eine Art Ersatz hinzu, wurde als fremder Elternteil etabliert und veränderte das Familiengefüge. Wie wir alle wissen, hat dieses

---

5 Diese Bilanz zieht Bill McKibben in seinem Buch *Eaarth. Making a Life on a Tough New Planet* (2010) nach seinem vor 20 Jahren erschienenen, prognostisch präzisen Buch *The End of Nature* [Das Ende der Natur].

Familiengefüge einen schlechten Leumund. Der Leumund der Patchworkfamilie ist auch nicht berauschend; er hat etwas von der aufgekratzten Fröhlichkeit einer Sektreklame. Aus der Sicht der Kinder gibt es in einer Patchworkfamilie zuerst einmal nichts zu feiern. Für die beteiligten Erwachsenen wird es auch nicht einfach. Auf sie kommt jede Menge (unerwarteter) Arbeit zu. Das Leben wird kompliziert; das Vergnügen an kniffligen Lebenslagen lässt ziemlich bald nach und stellt sich (vielleicht) nach geraumer Zeit wieder ein.

Die Patchworkfamilie entsteht, weil das Elternpaar auseinandergegangen ist. Vater und Mutter bleiben (meistens) den Kindern erhalten, leben aber an verschiedenen Orten (hoffentlich nicht sehr weit voneinander entfernt) und halten den Kontakt (Abbrüche kommen leider vor). Wie bei einer Zellteilung aus einer Zelle zwei Zellen werden, so wird aus einer Familie eine doppelte Familie. Es gibt die Patchworkfamilie, in der ein Elternteil mit seinen Kindern (wann und wie oft auch immer) und mit neuem Partner oder neuer Partnerin und vielleicht mit dessen oder deren Kindern (und später vielleicht mit gemeinsamen Kindern) lebt. Es gibt die zweite Patchworkfamilie, in der der andere Elternteil allein, ohne oder mit seinen Kindern (abwechselnd, wie auch immer) lebt. Möglicherweise zieht er irgendwann ebenfalls mit einem neuen Partner oder einer neuen Partnerin zusammen. Möglicherweise hat der neue Partner oder die neue Partnerin bereits eigene Kinder. Und möglicherweise wird dieses neue Paar zu einem Elternpaar gemeinsamer Kinder – womit sich dieses Familiengefüge ebenfalls als eine ausgewachsene Patchworkfamilie etabliert und die Verwandtschaft des Patchworksystems sich mächtig verzweigt.

Hatten die Angehörigen früher mit einer Stieffamilie zu tun, haben sie im Patchworksystem mit (mindestens) zwei Familien zu tun, die getrennt wohnen und leben, aber vielfältig miteinander beschäftigt und aufeinander bezogen sind. Die entstandene Lebenswirklichkeit ist häufig schwer erträglich, konfliktreich, aber sehr lebendig. Spannungen sind nicht zu vermeiden, Klagen nicht zu überhören. Die Kinder sind häufig (zumindest) in zwei Familien zu Hause; sie pendeln, wenn ihre Eltern sich auf ein Hin und Her verständigt haben, zwischen den Haushalten; vielleicht gibt es einen unregelmäßigen Rhythmus, vielleicht einen regelmäßigen Besuch der Elternteile. Möglich, dass ein Elternteil nicht besucht werden kann, weil der Kontakt abgebrochen wurde.

Die Kinder halten mit ihren Besuchen ihre Eltern in einem imaginierten und realen Kontakt; sie vermelden den Pegelstand der Veränderungen und Befindlichkeiten in den beiden Familien.[6] Die getrenntlebenden Elternteile bleiben ebenfalls in einem imaginierten und realen Kontakt miteinander beschäftigt, denn sie müssen die Regeln, die Rhythmen, die Rechte und Verpflichtungen der neuen Lebenswirklichkeit des getrennten Liebespaares und des (hoffentlich) weiterhin kooperierenden Elternpaares besprechen und durchsetzen. Tun sie dies nicht, wird sie – sehr wahrscheinlich – ihr Versagen, eine für beide Familien erträgliche, aufeinander bezogene, funktionierende Lebenswirklichkeit einzurichten, auf die eine oder andere Weise nachgehen und zumindest untergründig beschäftigen: als Bedauern, als Schuldgefühl, als Selbstvorwurf oder als Groll gegenüber dem anderen Elternteil, wodurch eine Art chronischen Clinchs entsteht, durch den sich das alte Paar in einer unerfreulichen Weise bindet und als (möglicherweise) lebenslange Hypothek die Beziehungen zu den Kindern belastet. Die neuen Partner und Partnerinnen der beiden Elternteile wiederum sind zugleich Beobachter und Teilnehmerinnen an dem (mehr oder weniger) gelingenden Prozess des Aushandelns der neuen Lebenswirklichkeit. Die Eltern der Eltern und die Eltern der Partner und Partnerinnen flankieren das Patchworksystem – sie sind der bedeutsame, einflussreiche fami-

6 Den Ausdruck *Shuttle Diplomacy* (für die Bewegungen der Kinder) fand ich im Juli/August-Heft von *Psychology Today* (1993) – was man mit Pendel-Diplomatie übersetzen könnte, für die unser früherer Außenminister Hans-Dietrich Genscher (1927–2016) bekannt war.

liäre Hintergrund: die Repräsentanten der Familiengeschichten und der Familienkulturen. Mit anderen Worten: Im System der Patchworkfamilien verändert sich das Netz der Beziehungen im Quadrat.

So kann man die mit der Patchworkfamilie bezeichnete Wirklichkeit auch als ein familiäres Durcheinander verstehen, das sich, wenn es gut läuft, auf produktive Weise sortiert. Was die jeweiligen Partner und Partnerinnen der Elternteile für deren Kinder dabei werden ist offen. Sie mit dem und der *Stief* eines Vaters oder einer Mutter zu empfangen (Stiefvater und Stiefmutter), ist voreilig und invasiv.[7] Ob der Partner als ein Vater und die Partnerin als eine Mutter einspringen und das Elternamt als Ersatzmann oder Ersatzfrau ausfüllen möchten, ist überhaupt nicht ausgemacht und trifft möglicherweise die Interessen und die Wünsche der Beteiligten nicht. Wer will sich für *fremde Kinder* ein Bein ausreißen? Und ist das Bein-Ausreißen – wenn es versucht wird – gern gesehen? Wer der Partner und die Partnerin für die Kinder werden, muss sich im Alltag des Zusammenlebens erweisen. Ganz sicher dürften sich die Kinder keinen Ersatzvater und keine Ersatzmutter wünschen – vorausgesetzt, sie sind nicht in ausbeuterischen, übergriffigen und turbulenten Lebensverhältnissen aufgewachsen: Ihre Eltern leben und bleiben in ihnen lebendig als die Personen lebensrelevanter Beziehungserfahrungen und als Lebensorientierungen, weshalb sie sich für die Invasion eines Elternteilersatzes (zunächst) herzlich bedanken werden.

Das Präfix *stief-*, das ist die Ausgangsthese dieses Ratgebers, trägt zur Verwirrung bei. Hier wird unter dem Begriff der Stieffamilie nur das familiäre Gefüge verstanden, in dem der irreparable Verlust des einen Elternteils durch den Partner oder die Partnerin des lebenden Elternteils in einem allmählichen Prozess des Trauerns (über den verstorbenen Elternteil) und der

---

7 Diesen Hinweis verdanke ich Hildegard Bergel-Boettcher aus Köln und Ellen Smith aus Kassel.

Annäherung an das (anfangs) fremde Familienmitglied kompensiert wird, das für die Kinder – vielleicht – den Status eines Ersatzelternteils bekommt. Im Patchworkgefüge dagegen muss ein anderer Verlust verkraftet werden: das Scheitern der Beziehung des Elternpaares, das damit den Kindern als ein Vorbild für eine erwachsene Liebesbeziehung und als Garant des gemeinsamen Versprechens für die Sicherheit ihrer Lebensumwelt nicht mehr zur Verfügung steht. Der Tod hat ein anderes Realitätsgewicht als das Aufgeben einer Beziehung. Er ist – wenn er nicht in dem Kontext eines Suizids herbeigeführt wurde – (eher) außerhalb der elterlichen Verantwortung eingetreten; dagegen sind für das Scheitern ihrer Beziehung die Eltern verantwortlich.

Deshalb sind die Stieffamilie und die Patchworkfamilie unterschiedlich belastet. Die Mitglieder der Stieffamilie sind anfangs vor allem (auf unterschiedliche Weise) von der Trauer um den irreparablen Verlust des Elternteils beansprucht; sie ringen um ihre Lebenszuversicht und ihre allmähliche Integration des neuen Mitglieds. Die Mitglieder der Patchworkfamilie sind anfangs – unterschiedlich – vor allem von dem Verlust des Vertrauens in das Versprechen der elterlichen Beziehung, von der Schuld, der Enttäuschung und der Ernüchterung über das gebrochene Versprechen sowie von dem Zusammenbruch der Lebenssicherheit und der Lebenszuversicht belastet. Die Kinder des Patchworksystems verübeln ihren Eltern die Auflösung ihrer Herkunftsfamilie sehr – auch wenn sie darüber keine Auskunft geben wollen oder geben können. Die Zustimmung der Kinder zum elterlichen Patchwork sollte nicht als ihre Zustimmung, sondern als Anpassung aus Treue verstanden werden. Möglicherweise machen sie (ausgesprochen und unausgesprochen) den einen Elternteil mehr verantwortlich als den anderen; möglicherweise ergreifen sie Partei für den einen Elternteil und unterstützen oder schützen ihn vor dem anderen Elternteil – in jedem Fall mit bedeutsamen Folgen für das Patchworksystem. Möglicherweise verzeihen sie ihren Eltern die Katastrophe der

Trennung nicht; möglicherweise wird sie zu ihrer Lebenshypothek.[8]

Die Evolution einer Patchworkfamilie braucht Zeit. Ein verlorenes Vertrauen wird nur allmählich wiedergefunden. Lebenserschütterungen beruhigen sich langsam. Die (moralische) Schuld der aufgegebenen Elternbeziehung und der (von den Kindern an das Elternpaar adressierte) Vorwurf von Schuld lassen sich (wenn überhaupt) schwer ausräumen. Zähe Prozesse des Aushandels, des Klärens und des Befriedens sind zu erwarten. Eine Patchworkfamilie bietet zunächst eine Art Notunterkunft. Man muss sich neu einrichten. Man muss sich erholen. Man muss wieder Zutrauen gewinnen in die Verlässlichkeit lebenstragender Beziehungen. Welche Rollen, Funktionen und Beziehungen sich in einer Patchworkfamilie einregulieren, ist ein langwieriger Prozess; er lässt sich nicht forcieren. Der Partner oder die Partnerin des Elternteils wird entlastet, wenn er oder sie nicht sofort in das elterliche Amt (eines Ersatzvaters oder einer Ersatzmutter) wie in eine Bleiweste gepresst wird mit der Erwartung, er oder sie sei der Retter oder die Retterin der von der Auflösung der alten Familie angeschlagenen Patchworkfamilie.

Hier wird der Versuch einer Orientierung für die Elternteile (leibliche Mutter und leiblicher Vater) und deren Partner und Partnerinnen unternommen. Um nicht die Kurzschrift der Stieffamilienverhältnisse zu verwenden, wird – möglicherweise umständlich – auf die Elternteile (Mutter und Vater) und de-

8 Was aus den Trennungserfahrungen der Kinder entsteht, ist schwer zu rekonstruieren. Die strukturellen Nachwirkungen der Scheidungserfahrungen über einen Zeitraum von zwei Lebensjahrzehnten zu untersuchen, haben Judith Wallerstein, Julia Lewis und Sandra Blakeslee unternommen. Ihre Studie liegt als amerikanische und englische Publikation seit 2000 vor mit dem Titel *The Unexpected Legacy of Divorce. A 25 Year Landmark Study*. Den Titel könnte man auch übersetzen mit: Die unerwarteten nachhaltigen Folgen der Scheidung. Die deutsche Ausgabe trägt dagegen den Titel: *Scheidungsfolgen – die Kinder tragen die Last. Eine Langzeitstudie über 25 Jahre* (2002). Die qualitative und quantitative Studie der Scheidungsfolgen unternahm Elizabeth Marquardt (2005).

ren Partner und Partnerinnen verwiesen; das liest sich zunächst wahrscheinlich holperig. Aber wenn Sie sich eingelesen haben, dürfte die vermeintliche Einfachheit des *Stief* sich verflüchtigen und Platz machen für den Blick auf die Möglichkeiten und Wirklichkeiten familiärer Lebensformen.[9]

9 Ich danke Katharina Grünewald aus Köln für die gemeinsame Arbeit in den beiden Beratungsgruppen für Patchworkfamilien in Köln in den Jahren 2016 bis 2018.

I Grundsätzliches

Was haben wir von dem Begriff *Patchworkfamilie?*

Seit einiger Zeit konkurrieren die Begriffe der *Stieffamilie* und der *Patchworkfamilie.* Der Begriff der *Patchworkfamilie* tauchte zum ersten Mal 1990 in unserem Sprachraum auf und machte seit der Jahrhundertwende allmählich Karriere. Wie ein Begriff in der öffentlichen Diskussion zu einem kursierenden Stichwort und dann Bestandteil unseres Wortschatzes wird, gehört zu dem intuitiven Verständigungsprozess auf die Erweiterung unserer Sprache. Beide Begriffe beschreiben die Veränderung eines Familiengefüges entweder durch den Tod eines Elternteils oder durch die Trennung eines Elternpaares. Der erste Begriff ist uralt und verweist auf den Verlust eines Elternteils. Das Präfix *stief-* bedeutet wie das englische *step-:* beraubt, verwaist. Die *Stiefmutter* und den *Stiefvater* gab es schon im Althochdeutschen; sie sind für das 8. Jahrhundert belegt (für den englischen Begriff gilt das ebenso).

Im Deutschen Wörterbuch von Jacob und Wilhelm Grimm sind mehr als 50 Einträge mit der *Stief*bildung verzeichnet; sie geben einen Eindruck davon, wie penibel die verwandtschaftlichen Verhältnisse früher unterschieden wurden. Es gab schon im Althochdeutschen die Stiefschwester (im 8. Jahrhundert dokumentiert), später beispielsweise den Stiefschwager (den Gatten einer Stiefschwester) oder den Stiefschwiegersohn (den Gatten einer Stieftochter). Das Adjektiv stiefmütterlich (ab dem 15. Jahrhundert registriert) ist ein Beispiel für die Bedeutungsevolution der mit dem Präfix *stief-* gekennzeichneten Verwandtschaftsverhältnisse zu negativen Metaphern. Stiefverwandtschaft und Blutsverwandtschaft – ein heute kontaminiertes, weil für die nationalsozialistische Vernichtungsorgie missbrauchtes Wort – waren und sind tiefe Gegensätze. Unsere Verwandtschaft kennzeichnen wir genau. Die *buckelige* Verwandtschaft der ungeliebten Blutsverwandten ist weit entfernt. Die *angeheiratete* Verwandtschaft liegt dazwischen. Das Blut hatte und hat eine weitreichende symbolische und metaphorische Bedeutung sowie weitreichende juristische und kulturelle Implikationen.

Begriffe und Metaphern geben eine Wahrnehmung vor, legen eine Realitätssicht fest und sind häufig mit bestimmten affektiven Kontexten unterfüttert. Die Stieffamilie konnotiert eine familiäre Narbe, die schlecht oder gar nicht verheilt ist. Das Präfix *stief-* klagt über die Katastrophe des Verlusts des Elternteils und des Elternpaares sowie über den Zusammenbruch der familiären Umwelt; der Verlust bleibt gegenwärtig, der Partner oder die Partnerin des Elternteils, der oder die hinzukommt, ein Fremdkörper. Die Hypothek der Vergangenheit lastet auf der Familie. Das *Stief* wirkt wie eine Art semantischen und interaktiven Betons, in dem die familiäre Vergangenheit eingeschlossen ist.

Die *Patchworkfamilie* ist der Kontrastbegriff zur *Stieffamilie.* Das Patchwork hat keine lebensgeschichtliche Last zu transportieren. Patchwork bedeutet: Flickwerk. Patchwork kommuniziert die Geste des hilflosen und konzeptionslosen Achselzuckens: Wir legen einfach mal los und fangen irgendwie an mit unserer Familie; es geht eben nicht anders. Verglichen mit dem *Stief* scheint das *Patchwork* ein geringes (lebensgeschichtliches) Gewicht aufzuweisen. *Patchwork* suggeriert die Illusion der Austauschbarkeit und Kombinierbarkeit von Beziehungen.[10] Zudem ist das *Patch-*

10 Am 29.3.2017 strahlte die ARD den von Oliver Schmitz inszenierten Spielfilm *Familie mit Hindernissen* aus; das Drehbuch schrieb Sophia Krapoth. Diese Familie lebt im illusionären Missverständnis des Patchworks – in der fröhlichen Grenzenlosigkeit einer aus den Fugen geratenen, zugleich verschmolzenen und verstreuten Großfamilie der wohlhabenden Mittelschicht: Die Kinder sind die Eltern und Großeltern ihrer Eltern und Großeltern; die geschiedenen Eltern sind nicht getrennt, und deren Partner und Partnerinnen sind abwechselnd anwesend und abwesend.

work die Vokabel der Selbstüberschätzung: Übersieht jemand die Flicken und die Muster? Näht sie jemand zusammen? Nein. Es ist meistens anders: Das Flickwerk wächst den beteiligten Akteuren und Akteurinnen (mehr oder weniger) schnell über den Kopf im Prozess der familiären Dauerkonflikte. Die Flicken sind riesig und schwer zu ordnen.

Flickwerk, das sagt uns das Wort auch, ist eine Notlösung mit fraglicher Zukunftsaussicht. Wer nicht gut reparieren kann, bessert etwas aus oder schustert etwas zusammen, das hält dann notdürftig. Wie lange, lehrt der tägliche Gebrauch. Schustern ist für uns das Verbum mit der Doppelbedeutung: einerseits verrichtet der Schuster angesehenes Handwerk; andererseits löst der Nichthandwerker, wenn er etwas zusammenschustert, mehr schlecht als recht sein Problem – dafür haben wir das (selbstkritische) Verbum der deftigen Abwertung: flickschustern. Der schusternde Nichthandwerker arbeitet drauf los. Im Englischen sagt man für Ausbessern oder Schustern: *to patch things up* oder *to patch things together*. Das Patchwork, wenn wir die Wortbedeutung genau nehmen, ist keine so gute Lösung; am besten schaut man es nicht so genau an und lebt damit.

Im Englischen ist deshalb das *Patchwork* nicht so gut angesehen. Die Ausnahme sind die Nähprodukte. Eine aus Stoffflecken hergestellte Tagesdecke kann ansehnlich sein. Das Englisch kennt das *patchwork cushion* und das *patchwork quilt*. Seit dem Spielfilm *How to Make an American Quilt* (Regie: Jocelyn Moorhouse; US 1995) wissen wir, dass das *quilt* das anspruchsvolle Projekt einer Textilcollage ist, die Familien- und Liebesgeschichten erzählt. Im niederländischen Haarlem gibt es das spezialisierte Geschäft *Patchwork & Quilt*.

1990 war das Geburtsjahr unseres Wortes *Patchworkfamilie*. Anne C. Bernsteins ein Jahr zuvor in den USA erschienenes Buch *Yours, Mine, and Ours. How Families Change When Remarried Parents Have a Child Together* wurde bei uns unter dem Titel *Deine, meine und unsere Kinder. Die Patchworkfamilie als ein gelingendes Miteinander* in einer (leider) gekürzten Form veröffentlicht. Margaret Minker, die Übersetzerin, hatte Anne Bernsteins Metapher *quilt* (für den Alltag einer Stieffamilie) mit dem Wort *Patchworkdecke* ins Deutsch übertragen und damit (wahrscheinlich) dem Lektorat des Verlags eine Vorlage für den Untertitel *Patchworkfamilie als ein gelingendes Miteinander* geliefert.

Zwar gab es die Fernsehsendung mit dem Titel *Patchwork Family,* die von September 1972 bis September 1973 ausgestrahlt wurde; sie lud an den Nachmittagen der Wochenenden die Kinder zum Spielen und Singen mit Menschen und Tieren ein. Aber zu einem geläufigen Wort wurde die *patchwork family* im angelsächsischen Vokabular nicht. Es gibt dort neben anderen Begriffen die *blended* oder *extended family.*[11] Die *stepfamily* ist der gängige Begriff geblieben. Vielleicht klingt *step-* dort anders als *stief-* für uns; die schrecklichen, mörderischen Stiefmütter aus der Märchensammlung der Brüder Grimm können wir offenbar schlecht vergessen.

Walt Disney und sein Studio haben Einiges getan für die Entschärfung des *Step.* Das US-Kino hat seinen Beitrag geleistet. Einer der größten Kinokassenschlager – bei uns lief er allerdings kurz – ist das zu Tränen rührende Musical *The Sound of Music* (Regie: Robert Wise; US 1965) mit der couragiertesten Stiefmutter aller Kinozeiten von sieben nicht-leiblichen Kindern: Julie Andrews in der Rolle der Maria von Trapp. Andrews kam einige Jahre später auf die riesige *TODD-AO*-Breitwand als die damals bei uns enorm populäre Ruth Leuwerik, die in *Die Trapp-Familie* (Regie: Wolfgang Liebeneiner; BRD 1956) die muti-

11 Das französische Wort *recomposition familiale* ist der angemessene Begriff. Interessanterweise umschreibt das Französisch die *Fremd*-Verhältnisse, benennt sie aber nicht, beispielsweise heißen Stieftochter und Stiefsohn *beau-fille* und *beau-frère* und Stiefmutter und Stiefvater *beau-mère* und *beau-père.* Gleichzeitig sind *beau-mère* und *beau-père* auch die Wörter für Schwiegermutter und Schwiegervater. Freundliche, wohlwollende Worte für schwierige Beziehungen. Simone Mones aus Brühl/Köln verdanke ich diesen Hinweis.

ge, ebenfalls zu Tränen rührende Stiefmutter auf vergleichsweise kleinem Leinwandformat spielte. Anders als im Kinofilm wurde sie in dem sehr beliebten westdeutschen Nachkriegsfilm auch die Mutter eines gemeinsamen Kindes mit dem Baron von Trapp.[12]

Was haben wir von den zwei Familienbegriffen? Die Frage ist, was sie unterscheidet. Es gibt den konkurrierenden Gebrauch – die Ästhetik des Begriffs. Die Stieffamilie gilt als salonfähig. Die Patchworkfamilie, ein Mischmasch lässiger Wortbildung und angelsächsischer Sprachidolisierung, wird im Salon des sozialwissenschaftlichen Diskurses nicht gern gehört; sie gilt für die Redaktion des *DUDEN* als umgangssprachliches Wort, während die Stieffamilie zur Hochsprache gezählt wird. So werden sie alternativ benutzt. Aber, das ist der Vorteil, der Begriff der Patchworkfamilie trägt nicht die Last des irreparablen Verlusts. Zudem offeriert er eine bewegliche Perspektive: Wie der Partner der Mutter oder die Partnerin des Vaters sich im familiären Gefüge etabliert – ob als Elternteilersatz oder Elternteilnachfolger, als eine Art Schwester oder Bruder, Verwandte oder Verwandter, als Mentorin oder Mentor, Freundin oder Freund, als eine Art Nachbarin oder Nachbar (wie auch immer) –, hängt von dem komplizierten Prozess der gegenseitigen Abstimmung der Lebenswünsche, Lebensentwürfe und Sozialisations- und Lebenserfahrungen ab.

Kein Wunder, dass die Vokabel der Patchworkfamilie herumgereicht wird. Familiäres Flickwerk wäre das (drastische) Wort einer tiefen Ernüchterung und Hoffnungslosigkeit. Die Patchworkfamilie lädt zum schnellen Sprechen und zur schnellen Umarmung mit dem (anschließenden) aufmunternden, beschwichtigenden Klaps ein: *Ist nicht so (schrecklich) schlimm.* Man kann sich die verlegenen, um Worte ringenden Eltern gut vorstellen, die ihren Kindern die Auflösung der Familie mitzuteilen versuchen. Das Wort *Patchworkfamilie* hilft (hier und da) beim Überspie-

12 Den schrecklichsten Stiefvater aller Kinozeiten kann man in Ingmar Bergmans *Fanny und Alexander* (S 1982) besichtigen: den Bischof Velgérus (Jan Malmjö).

len der familiären Katastrophe und der elterlichen Schuld. Das Englische, könnte man sagen, macht es einem nicht so schwer; fürs Deutsche zurechtgebogen öffnet und verbirgt es: Das Tragische klingt nicht mehr so tragisch, das Saloppe nicht so salopp; es kann entwaffnend prägnant sein. Deutscher Sprachgebrauch markiert häufig das neue Andere mit einer angelsächsischen Vokabel.

Das Englische liegt aus vielen Gründen nahe. Der kulturelle Import (glücklicherweise kostenfrei, aber dennoch nicht ohne Folgekosten) ist manchmal notwendig, weil eine Forschung oder eine Industrie uns voraus ist oder weil ein angelsächsischer Begriff (je nach Geschmack) chic, pompös und kraftvoll klingt (*Administration* für Regierung) oder ein Sachverhalt erst in der englischen Fassung auffällt und sich dann noch gut anhört (*Bedtime Procrastination* für das Aufschieben der Schlafenszeit). Zudem ermöglicht das Englische einen großzügigen Umgang und die Annäherung an den Glanz des angelsächsischen kulturellen Adels – *Standing Ovation* für unser Wort des anhaltenden Applauses; die englische Vokabel gibt es wie bei uns für den ausgiebigen Beifall nur im Singular, was manche bei uns im Überschwang ihrer Begeisterung vergessen. Es ist flexibel für Wortprägungen wie beispielsweise das *Handy*, das flott klingt in seiner Anglisierung der bei den jungen, Englisch sprechenden Leuten populären Verkürzung von Adjektiven (zum Beispiel *comfy* für *comfortable*). So wurde aus dem Adjektiv handlich: *handy* – eine deutsche Worterfindung, die (noch)[13] in keinem englischen Wörterbuch auftaucht.

Der *Monitor Familienforschung* des Bundesministeriums für Familie, Senioren, Frauen und Jugend hat den Titel einer konzeptionellen Indifferenz *Stief – und Patchworkfamilien in Deutschland* (BFMSFJ, 2013, S. 7). Die Autorinnen und Autoren sehen keinen substanziellen Unterschied zwischen den beiden Fami-

13 Zumindest existiert sie bereits in heutigen Englischlehrbüchern mit der Warnung vor einem neuen »false friend« (Limbach, 2008).

lienformen. Dass unterschiedliche Verlusterfahrungen (Tod des Elternteils einerseits und drastische Veränderung der elterlichen Beziehung mit der Folge des verloren gegangenen Sicherheitsgefühls andererseits) die Beziehungswirklichkeiten einer Stieffamilie und einer Patchworkfamilie bestimmen, haben sie nicht im Blick. Das Patchworksystem, das von mindestens zwei Patchworkfamilien gebildet wird und dessen Zukunft von einer gelingenden Kooperation der beiden Familien abhängt, wird nicht gesehen. So bleiben beide Familienbegriffe gegeneinander unscharf. Die Autorinnen und Autoren systematisieren vier »Typen von Stieffamilien«: wegen der Partnerin des Elternteils die *Stiefmutterfamilie* und wegen des Partners des Elternteils die *Stiefvaterfamilie*; in der *zusammengesetzten Stieffamilie* gibt es die Mutter und den Vater mit eigenen Kindern, zugleich sind sie und er Partnerin und Partner des jeweiligen (anderen) Elternteils; in der *komplexen Stieffamilie* haben zusätzlich zu ihren eigenen Kindern die Mutter und der Vater gemeinsame Kinder. Die *komplexe Stieffamilie*, räumt der Bericht ein, könne »auch als Patchworkfamilie« bezeichnet werden.

Die Patchworkfamilie ist aber anders als die Stieffamilie. Die Realität des Verlusts und die Wirklichkeit der Familiensysteme sind verschieden. In der Stieffamilie wurde – der Wortbedeutung nach – ein Elternteil verloren und mit einem nicht-leiblichen Elternteil kompensiert. *Die Stieffamilie bildet ein autonomes Familiensystem.* Im Patchworksystem ist es anders. Die Beziehungsrealität des Liebespaares wurde aufgegeben; die Lebenswünsche und Lebensentwürfe passten nicht mehr zueinander; die Gemeinsamkeiten waren aufgebraucht, das gegenseitige Begehren war ernüchtert und die Beziehungsrealität des Elternpaares wurde – aus der Sicht der Kinder – in irgendein Auseinander transformiert. *Das Elternpaar existiert. Es lebt voneinander entfernt.* Die Elternteile leben nunmehr an verschiedenen Orten. Obgleich voneinander getrennt, bleiben sie (mehr oder weniger) aufeinander bezogenen und kommunizieren (direkt und indirekt, ausgesprochen und unausgesprochen) miteinander. *Die*

Patchworkfamilie ist nicht allein; sie interagiert mit der anderen Patchworkfamilie (des abwesenden) Elternteils am anderen Ort.

Der andere Elternteil am anderen Ort hat noch keinen Namen. Der Begriff der Patchworkfamilie ist (bislang) dem leiblichen Elternteil vorbehalten, der mit den Kindern zusammenbleibt, sich an einen Partner oder an eine Partnerin (ohne oder mit eigenen Kindern) bindet und vielleicht gemeinsame Kinder hat. Was ist mit dem anderen leiblichen Elternteil? Er lebt entweder ohne seine Kinder oder mit seinen Kindern zusammen – regelmäßig in einem bestimmten Rhythmus oder unregelmäßig, sporadisch, spontan. Er lebt mit ihnen entweder ohne oder mit einem Partner oder einer Partnerin – ebenfalls regelmäßig oder unregelmäßig. Er bildet (zuerst) eine unvollständige oder (später) eine vollständige Patchworkfamilie.

Aber auch wenn der abwesende Elternteil mit seinen Kindern nicht zusammenlebt, sind die Kinder in seiner Lebensform anwesend: als Sorge und als (wie auch immer verpflichtend erlebte) Verantwortung für deren Gedeihen und als Möglichkeit ihres Besuchs. Denn möglicherweise werden die gemeinsamen Kinder (des ursprünglichen Elternpaares) – sofort, allmählich oder irgendwann – in einem bestimmten (möglichst ausgehandelten) Rhythmus das eine Mal die mütterliche Familie, das andere Mal die väterliche Familie aufsuchen. Möglicherweise wird der (bislang) alleinlebende Elternteil mit einem neuen Partner und mit fremden und gemeinsamen Kindern eine (ausgewachsene) Patchworkfamilie bilden. Der Verkehr zwischen den beiden Systemen verkompliziert sich und das Patchworksystem vergrößert sich. Mit anderen Worten: Die Auflösung der alten Familie hat stets zwei eigene familiäre Gefüge (unterschiedlicher und möglicherweise zunehmender Größe) zur Folge, die ein (wie auch immer differenziertes und aufeinander bezogenes) Patchworksystem ausmachen. Hier werden *beide* familiären Gefüge – unabhängig von ihrer jeweiligen Größe (Mitgliederzahl) –, in denen die Elternteile leben, *jeweils* Patchworkfamilie genannt. Die beiden Patchworkfamilien bilden ein Patchworksystem. Der

Begriff des Patchworksystems soll aufmerksam machen auf die Wirklichkeit des (wie auch immer realisierten und imaginierten) interaktiven Verkehrs zwischen den beiden Patchworkfamilien und auf die Wirklichkeit ihrer gegenseitigen Einflussnahmen.

Stief oder nicht *Stief* – das ist hier nicht die Frage

Der Begriff der Stieffamilie erzählt seit Jahrhunderten vom irreparablen Verlust, mit dem wir sehr vertraut sind. Der Begriff der Patchworkfamilie erzählt von einem anderen Verlust, mit dem wir nicht vertraut sind. Das lässt sich daran ablesen, dass wir noch keine eigenen Begriffe für die Mitglieder einer Patchworkfamilie gefunden haben. Die Bezeichnungen für den Partner der Mutter oder für die Partnerin des Vaters als der *nicht leibliche* Elternteil, der *soziale* Elternteil oder der *Bonus*-Elternteil sind Wortkrücken. Wollen wir den nicht leiblichen Elternteil identifizieren, sprechen wir der Einfachheit halber häufig vom: Stiefelternteil. Wollen wir die Mitglieder einer Patchworkfamilie sortieren, greifen wir auf das Personal einer Stieffamilie zurück: Wir haben die leiblichen Angehörigen und die Stiefangehörigen (Stiefmutter, Stiefvater, Stieftochter, Stiefsohn, Stiefgroßeltern etc.). Irgendwie kommen wir von dem Präfix *stief-* nicht los. Dann haben wir noch die Klassifikation verwandtschaftlicher Verhältnisse nach der Bruchrechnung: die Halbangehörigen (Halbschwester, Halbbruder).

Das Problem des Begriffs der Stieffamilie besteht darin, dass er ein Vorverständnis und eine Handlungsanweisung nahelegt: Der Partner der Mutter fügt sich als eine Art väterlicher Figur, die Partnerin des Vaters als eine Art mütterlicher Figur in das stieffamiliäre Gefüge ein; beide nehmen ihre (vermeintlich) tradierten Positionen und Rollen ein. Passen dieses Vorverständnis und diese Handlungsanweisung zur inneren Wirklichkeit der Mitglieder, zu ihren Wünschen künftiger Beziehungsgestaltung? Das ist die Frage. Vielleicht möchte die Partnerin oder der Partner des Elternteils gar keine mutter- oder vaterähnliche Figur sein. Vielleicht ist dem Partner oder der Partnerin das väterliche oder mütterliche Amt fremd und er oder sie möchte damit möglichst wenig zu tun haben. Vielleicht möchte sie oder er lieber ein Geschwister, eine Freundin oder Freund, eine Mentorin oder ein Mentor sein. Möglicherweise sind die Kinder an einer Ersatzelternfigur herzlich wenig interessiert – sie ist ihnen lästig und steht ihren eigenen Bindungen zum abwesenden Elternteil im Weg. Schließlich leben beide Eltern und wohnen möglicherweise *gleich um die Ecke* nicht weit voneinander entfernt. Mit anderen Worten: Der Begriff der Stieffamilie suggeriert und imaginiert die Ordnung einer vertrauten familiären Wirklichkeit, womit die Zukunft der anderen, neuen familiären Ordnung überschattet wird. Und schließlich ist die Stieffamilie auch ein Trostbegriff – für die Kinder, die gebeten werden, die Löffel familiären Lebertrans regelmäßig zu schlucken, und für den Elternteil, der sein schlechtes Gewissen beruhigen kann mit dem Ersatzmann oder der Ersatzfrau.

Wir sprechen über Jahrhunderte kulturell und gesellschaftlich entwickelter Lebensformen. Die Mutter und der Vater (und deren Eltern und Großeltern) stellen das uralte, konzeptionell zwar betagte, aber noch immer sehr lebendige und bedeutsame Personal unserer Lebensgeschichten. In den vielen Jahrhunderten unserer Kultivierung wurden sie zu den Handlungsmodi des Mütterlichen und des Väterlichen und zu Metaphern von Handlungsformen, die sich allmählich, erst seit dem vergangenen Jahrhundert, von ihren geschlechtlichen Identitäten abzukoppeln beginnen, aber sich am Gefüge der sogenannten *Kernfamilie* (Mutter, Vater und Kind als System von zwei Generationen) weiterhin zu orientieren versuchen.[14]

---

14 Dorett Funke hat diese Orientierungsfunktion für *unkonventionelle Familienformen*, wie sie sagt, in ihrer Arbeit »In welchen Familien leben wir eigentlich? Die Kernfamilie – ein aufschlussreicher soziologischer Begriff zur Analyse gegenwärtiger Familienformen« (2017) untersucht und beschrieben.

Wie sich dieser Prozess entwickelt, ist offen. In der psychoanalytischen Theorie – ein Kind der vorletzten Jahrhundertwende – ist der lebenslange Prozess der Auseinandersetzung des Individuums mit seinen Eltern (mit deren Kultur und gesellschaftlicher Verortung) zentral für die Persönlichkeitsentwicklung und Lebensform. Das von Sigmund Freud zuerst für seine psychotherapeutische Praxis ausgearbeitete Konzept der *Übertragung* (1916–1917a 1915–1917, S. 447ff.) – unsere auch im Alltag zumeist nicht bewusste Bereitschaft, in den Begegnungen mit Fremden *sofort* unsere alten, vertrauten Beziehungserfahrungen mit den primären Objekten (wie in der Sprache der Psychoanalyse vor allem die Eltern genannt werden) als kognitive wie affektive Beziehungsangebote zu aktivieren – hat die Bedeutung von Mutter und Vater für den Alltag unserer Beziehungen gewissermaßen festgeschrieben. Wobei wir im Übertragungsprozess nicht nur auf die Erfahrungen mit unseren Eltern zurückgreifen, sondern auch auf die uns zur Verfügung stehenden, ebenfalls nicht bewussten Beziehungserfahrungen mit den anderen relevanten Personen unserer Lebensgeschichte.[15]

So ist es verständlich, dass wir an der lebenslangen Bedeutung von Mutter und Vater festhalten – das Bild vom Elternpaar gehört zu unserem Bestand an Lebensfantasien, das familiäre Paradies konfliktfreier Bindungen und zuverlässiger Versorgung nicht verlassen zu müssen (diese tiefe, Jahr für Jahr belebte Sehnsucht), weil wir es leider früh verlassen mussten oder weil es nur in unserer (verklärten) Erinnerung existiert. Die lebenslange Bedeutung der Beziehungserfahrungen mit Mutter und Vater ist unbestritten, aber sie ist glücklicherweise beweglich, unterliegt Schwankungen und verändert sich (im gelingenden Entwicklungsprozess) zu einer lebensfähigen Balance von Getrenntheit und Verbundenheit. Anderenfalls kämen wir nicht von der Stel-

15 Sigmund Freud hat diesen Prozess der Erweiterung unserer Beziehungserfahrungen für die Phase der männlichen Pubertät beschrieben in dem kleinen, sehr instruktiven Text »Zur Psychologie des Gymnasiasten« (1914f).

le und blieben, ohne zu es merken, ein Leben lang in den vier Wänden, in denen wir aufwuchsen. Allerdings bleiben wir die Kinder unserer Eltern, um diese Lebenstatsache kommen wir nicht herum, aber wir werden – möglicherweise – auch Eltern, holen unsere Eltern ein und überholen sie. Die Patchworkfamilie, diese Wortschöpfung einer Begriffsnot, ist die Chance, das kann man vielleicht schon sagen, einer Art von Beziehungsbeweglichkeit, eingeübt in den Beziehungsbewegungen in und zwischen den Familien. Was dieses psychosoziale Experiment langfristig bedeutet, müssen wir sehen.

Der Begriff der Patchworkfamilie impliziert das System eines Beziehungsnetzes (mindestens zweier Patchworkfamilien) mit einem beschädigten Zentrum, das seine Kontur wiedergewinnen muss. Das leibliche Elternpaar ist getrennt: *verstreut, aber erhalten*. Das ist eine Hoffnung. Ob und wie sie sich realisiert, ist offen. Die Patchworkfamilie klingt nach Dur, die Stieffamilie nach Moll. Beide Begriffe markieren auch die Not unserer Gegenwart: die Angst vor dem Verlust einer vertrauten Ordnung und die Unsicherheit angesichts der evolutionären Bewegungen der Moderne. Sie sind nicht aufzuhalten. Sie initiieren ungeplante, unübersehbare Prozesse. Sie sind wie ein Sog; die Orientierung und die Übersicht zu behalten, fällt schwer. Die dazu kursierenden soziologischen Konzepte – Individualisierung, Selbstverwirklichung, Pluralisierung der Lebensformen, Veränderung der Geschlechterverhältnisse, der Zwang zur beruflichen Flexibilität, Verdichtung der Arbeit, Globalisierung, Digitalisierung, Beschleunigung, Erschöpfung, Resonanz – sind die Kurzschrift zur Verständigung über unsere Alltagserfahrungen. Wie wir unseren Alltag gestalten und leben und wie wir über ihn sprechen, bleibt uns überlassen.

Elternschaft

Wie sich der Kinderwunsch und die Haltung zur Elternschaft entwickelt und organisiert haben zu einer Beziehungsform und zu einer Lebensform, ist ein komplizierter, schwer zu rekonstruierender Prozess. Elternschaft gehört zu unseren zentralen Lebensentscheidungen. Sie ist lebensgeschichtlich vorbereitet und lebensgeschichtlich verdichtet. Sie ist ein komplexer Lebensentwurf mit einer lebensgeschichtlich gewachsenen Hierarchie von Absichten, Fantasien, Sehnsüchten und Wünschen – (intuitiv oder bedacht) abgestimmt und realisiert in einer familiären Lebensform, gemeinsam von einem Paar oder später, nach einer Trennung, von einem Elternteil, der für den Umgang mit seinen Kindern ein Paar imaginiert und den abwesenden Elternteil (wie auch immer) lebendig und (hoffentlich) im Kontakt hält.

Hier ist der Vorschlag einer Liste der Lebensbedeutungen von Elternschaft. Vielleicht finden Sie einige Aspekte für sich zutreffend. Elternschaft ist, allgemein (und umständlich) gesagt, die von der eigenen Herkunft geprägte Haltung gegenüber eigenen und (möglicherweise) fremden Kindern – entstanden aus der Verdichtung der eigenen familiären Beziehungserfahrungen in den Kontexten der familiären Kultur, der institutionalisierten Verfasstheit einer Gesellschaft und der gesellschaftlichen, kulturellen Traditionen mit ihren Orientierungen, Idealen, Moralen, Rechten und Verpflichtungen. Sie ist die Begegnung mit und die Belebung der eigenen Kindheit und Pubertät/Adoleszenz, die Erinnerung an die Entdeckung des eigenen sexuellen Körpers und an das Ringen um eine Sicherheit in den jugendlichen

Begegnungen. Sie ist die direkte und die indirekte Auseinandersetzung mit den eigenen Eltern und deren Lebenskultur – was sie einem gaben und was sie einem nicht gaben; was sie an Zuversicht vermittelten und an Enttäuschung bereiteten; welche Wünsche, Sehnsüchte und Fantasien sie in einem abluden, belebten, nicht erfüllten oder bestritten; was sie vorlebten an Fairness und Anständigkeit, an Zufriedenheit oder Unzufriedenheit. Elternschaft ist die umgestaltete, veränderte Rückgabe der Beziehungserfahrungen an das eigene oder (vielleicht) fremde Kind oder an die eigenen oder (vielleicht) fremden Kinder. Elternschaft ist die ersehnte Reparatur der eigenen Kindheit. Elternschaft ist die Weitergabe der eigenen Entwicklungsfortschritte. Elternschaft ist die Bestätigung und die Umarbeitung der Bindungen, Delegationen und Traditionen der eigenen Herkunftsfamilie. Sie ist die Trennung und die Entfernung von den Eltern, ihr Einholen und Überholen. Elternschaft ist das eigene, vor den Eltern geschützte Leben. Elternschaft ist die Zustimmung zu den elterlichen Aufträgen und Wünschen – oder deren Ablehnung. Sie ist – im günstigen Fall – die Erstattung eines Dankes an die Adresse der familiären wie der gesellschaftlichen Kultur. Wie immer man die eigene Elternschaft realisiert und sich dabei positioniert mit den eigenen Kindern zu seinen Eltern, ist ein sowohl individueller als auch ein in die kollektiven Kontexte eingebundener Lebensprozess komplexer Interaktionen in den intimen und privaten wie öffentlichen und gesellschaftlichen Räumen, in denen Herkunft und Lebensgeschichte verhandelt und integriert werden zu einer (mehr oder weniger) zufriedenstellenden Lebensform. Elternschaft ist deshalb – vielleicht – eine Art tröstender Verabredung mit der eigenen Vergänglichkeit, sich einzureihen in die Kette der vielen Generationen, die die Menschheit verbindet, das Aufgehen in der Kultur der Filiation[16] und das Überleben in ei-

16 Pierre Legendre (1998) betont die für die Sozialisation des Menschen grundlegende Bedeutung der Kultur der Filiation. Norbert Elias spricht vom *Staffellauf* der Filiation (1992, S. 55).

ner familiären oder anders geteilten Tradition der Erinnerung. Erik Homburger Erikson sprach von dem Wunsch nach Generativität, Max Frisch von dem Bedürfnis, *Spuren zu hinterlassen* (Erikson, 1966, S. 117ff.; Dindo & Pilliod, 2011).

Mit den eigenen oder den fremden Kindern geht man, während sie aufwachsen (manchmal merkt man es, manchmal nicht) seine Lebensgeschichte durch und vergleicht die Entwicklung seiner Kinder mit der eigenen Entwicklung – abwechselnd in der Erinnerung als Kind und in der Gegenwart des Alltags als Elternteil, der dabei seine eigenen Eltern in ihrer (ehemaligen) Idealisierung und (späteren) Ernüchterung entdeckt und hier und da versteht: in den Sorgen, Ängsten, Nöten, Wünschen und Fantasien, in der Hilflosigkeit, Beschränktheit und Sprachlosigkeit, in der Geduld und Ungeduld, in der Redlichkeit und Unredlichkeit. Elternschaft, obgleich so alltäglich und selbstverständlich, ist ein sehr persönlich gestaltetes Amt, in das man wie nebenbei eingeführt wurde: durch die Erfahrungen mit den Vorbildern (oder Antibildern) der eigenen Eltern und Großeltern und mit all denen, die (im Alltag, in den Medien, in den künstlerischen Produktionen) beitrugen zu der Kultur, den Bildern und Regeln von Mütterlichkeit und Väterlichkeit, die sich in einem langen, mehr oder weniger bewussten Prozess zu den eigenen Bildern einer Mutter- oder Vateridentität organisierten.

Elternschaft bewegt unsere tiefsten Sehnsüchte nach sprachloser Verschmelzung. Aber das familiäre Paradies währt nur kurz. Elternschaft ist ein bescheidenes Wort für eine riesige Aufgabe. Elternschaft belebt, bereichert, macht aber viel Arbeit. Elternschaft zehrt von der Lebendigkeit der Kinder, weshalb ihr Auszug eine Stille hinterlässt. Elternschaft ist das Produkt der Anstrengung eines Paares, die beiden familiären Kulturen (der eigenen Herkunft) zu einer tragfähigen, unterschiedlichen *und* gemeinsamen Beziehungsform im Dienste der Förderung und Versorgung der Kinder auszuhandeln. Wenn es gut läuft, spielen die Strapazen (die Befürchtungen und die Sorgen, das Warten auf und das Ertragen der Entwicklungsfortschritte des Kindes) keine Rolle.

Ob es gut gelaufen ist, weiß man erst nach ein paar Jahrzehnten. Eltern hangeln sich gewissermaßen von der einen Entwicklungsaufgabe zur nächsten Entwicklungsaufgabe ihres Kindes, von Woche zu Woche, von Jahr zu Jahr. Wenn es gut läuft, wachsen das Zutrauen und die Zuversicht in die Produktivität der eigenen Elternschaft.

Das erste Jahr wird von der Sorge um das Gedeihen des Kindes dominiert – um die Aufnahme, Entwicklung und Vertiefung des Kontaktes, um die Entwicklung der Lebensrhythmen und der Muster der Versorgung. Formen der sicheren Verständigung entwickeln sich. Nach einem Jahr (in etwa), wenn die expansiven Impulse in Bewegungen realisiert werden, ist die – vom Mannschaftssport gut bekannte, aber dort inzwischen altmodische, nur noch manchmal praktizierte – *Manndeckung* erforderlich: Man ist alarmiert und auf dem Sprung. Die Wucht der kindlichen expansiven Impulse ist enorm. Ständig muss der Elternteil sich entscheiden: Welcher Impuls, welcher Wunsch und welcher Bewegungsradius sind zu tolerieren, welcher nicht. Ständig muss der Elternteil sich darüber mit dem anderen Elternteil abstimmen – in einem sublimen (bewussten wie nicht bewussten, ausgesprochenen oder unausgesprochenen) Prozess des Aushandelns, des Behauptens oder Nachgebens. Sollte – beispielsweise – dem Kind gestattet bleiben, dort zu klettern? Was sollte es essen? Was darf es verweigern? Welcher Elternteil hat wann (bei welchen Fragen) das sprichwörtliche Sagen?

Die Einschätzung einer als gefährlich oder intolerabel empfundenen Situation hängt ab vom jeweiligen (lebensgeschichtlich gewachsenen) Sicherheitsgefühl und von der (lebensgeschichtlich gewachsenen) Überzeugung des Elternteils – die der andere Elternteil vielleicht nicht teilt. Einschränkungen sind für die Eltern schwer zu dosieren und für das Kind schwer einzusehen. Wieso auch? Die für das Kind sichtbare Welt erscheint (zumeist) offen, grenzenlos und sicher. Das implizite und das explizite (motorische, kognitive, psychosoziale und symbolische) Lernprogramm ist riesig, das Lernen der Antizipation von Gefahren schmerzlich, der Prozess der Sozialisation komplex. Einschränkungen durchzusetzen ist anstrengend. Kinder sind in ihren Wünschen *erbarmungslos*. Sie reizen die Fähigkeiten ihrer Eltern zur Toleranz manchmal tüchtig aus. Bevor man vor lauter Ärger durch die Zimmerdecke krachen möchte und mit dem eigenen Schicksal als Elternteil mächtig hadert, empfiehlt es sich, sich gut zu erinnern an die eigenen, unbarmherzigen expansiven Impulse, die einem gar nicht unbarmherzig vorkamen.

Schon bald, nur einige Monate sind vergangen, wird der rote Teppich der bedingungslosen, unablässigen Zuwendung – Donald Woods Winnicott, der englische Pädiater und Psychoanalytiker, nannte das *eternal vigilance* [ununterbrochene Wachsamkeit] (1993, S. 34) – behutsam eingerollt: Die von den Eltern geteilte Wirklichkeit ihrer Überzeugungen und Haltungen wird dem Kind zugemutet und behauptet – eine schwere Aufgabe für Eltern, die sich vielleicht anstrengen oder überwinden müssen (angesichts bedrückender Erfahrungen mit den eigenen Eltern), Eltern zu sein. Es lernt Nein zu sagen (sich zu behaupten), zu spielen (sich selbst zu überlassen in der Gegenwart der Angehörigen – *allein zu sein*) und auf seinem Spiel zu bestehen, Wünsche zu entwickeln, Interessen zu verfolgen, Fantasien zu erfinden und zu pflegen. Zu dem vertrauten familiären Beziehungsgefüge kommen andere Beziehungsgefüge hinzu.[17] Nach und nach – in der Gegenwart des Alltags dehnen sich die Jahre, in der Erinnerung der Vergangenheit verdichten sie sich zu einem viel zu kurzen Zeitraum – werden mehr und mehr die häuslichen vier Wände verlassen; die Lebensradien des Kindes erweitern sich. Elternschaft fördert und unterstützt, öffnet und erweitert die Welt des Kindes, das mehr und mehr seinen Lebensbewegungen und Lebenswünschen folgt – angeregt von der Spielgruppe, dem

17 Diese entwicklungspsychologische Skizze folgt den Arbeiten Winnicotts: *Vom Spiel zur Kreativität* (2015), *Reifungsprozesse und fördernde Umwelt* (2002), *Familie und individuelle Entwicklung* (2017), *Von der Kinderheilkunde zur Psychoanalyse* (2008 [1982]).

Kindergarten und der Schule, von den familiären Interessen und Traditionen, von den Begegnungen mit den für die Familie relevanten Personen, eigenen Freunden und Freundinnen und vom Umgang mit den unterschiedlichen künstlerischen und öffentlichen Medien unserer Verständigung.

Elternschaft ist eine schwierige Aufgabe. Mit jedem Schritt entfernt das Kind sich von seinen Eltern. Das Ausmaß der Entfernung und Abwesenheit wächst. Das ist nicht so leicht mit anzusehen. Das Kind beginnt, eigene Wege zu gehen. Die Eltern sind gut beraten, diese Entwicklungsschritte zu begrüßen – und nicht zu forcieren oder zu irritieren mit überschwänglichen Superlativen für selbstverständliche Entwicklungsleistungen. Das Kind, ein paradoxer Prozess setzt sich durch, bleibt vertraut und wird fremd, es wird deutlich *anders* als man dachte. Es entwickelt eigene Interessen und teilt nicht die Interessen der Eltern in dem Maße, wie sie es sich wünschten oder noch wünschen und wie sie es (vor seiner Geburt) vielleicht imaginierten. Das Kind entfernt sich von einem. Die Distanz wächst, je älter es wird; sie ist schwer zu ertragen. Elternschaft ist auch das Tolerieren dieser sublimen Ernüchterung, der Kränkung und der Trauer über den allmählichen Abschied[18]. Unwiderruflich entwickelt sich das Kind zu einem Heranwachsenden. Gelingt der Prozess der Entwicklung, werden die Eltern stolz auf die Selbstständigkeit ihres Kindes.

Das Kind fordert seine Eltern heraus; es sagt ihnen, was sie nicht können und nicht wissen. Früher versuchten die Eltern, ihre Kinder einzuschüchtern und zu bremsen, indem sie ihnen die *Widerworte* verbaten. Heute sind sie gut beraten, wenn sie die Einsprüche, die kritischen Fragen und Anmerkungen ihrer Kinder willkommen heißen und gut zuhören. Heute sind sie gut beraten, wenn sie mit ihrem Nichtwissen redlich umgehen und nur das vertreten, wovon sie überzeugt sind und wo sie sich wirk-

---

18 *Abschied von den Eltern* ist der Titel der autobiografischen Erzählung von Peter Weiss aus der Perspektive des Kindes (1964).

lich auskennen. Einen Bluff seiner Eltern findet das Kind dank unseres digitalisierten Wissens schnell heraus.

Elternschaft ist die Lebensaufgabe eines Paares, das sich auf das Amt[19], Eltern zu sein, verständigt hat und sich weiterhin verständigt. Das ist schnell gesagt, aber schwergetan. Die Kooperation eines Paares setzt vor allem die Fähigkeit zu lieben voraus: Den Partner oder die Partnerin als den Anderen oder die Andere in dem belebenden und kränkenden Prozess des gleichzeitigen Vertrautwerdens[20] und des Ernüchtert- und Fremdwerdens *(du bist nicht so, wie ich erwartet habe)* zu ertragen und auszuhalten – fair, kritisch und solidarisch, in der gegenseitigen Zuneigung sicher. Die Elternschaft eines Paares ist die von den beiden Partnern in einem langen Prozess (wie auch immer) ausgehandelte, gegenseitig (ausreichend) tolerierte Lebensform aus den Kulturen der eigenen, aber wahrscheinlich doch sehr verschiedenen Familien, aus den Lebenserfahrungen, den Lebensgeschichten und den Grundüberzeugungen.

Ein Kind benötigt eine zuverlässige familiäre Umwelt; seine Lebenszuversicht hängt von den Erfahrungen der Sicherheit seiner Umwelt ab. Donald Winnicott prägte das Verständnis, dass man, ohne die Mutter zu berücksichtigen, nicht vom Säugling sprechen könne (2008 [1982], S. 99) – er lebt und entwickelt sich nur im Beziehungsgefüge des mütterlichen Systems. Das mütterliche System wiederum wird geschützt und garantiert vom väterlichen System – wenn es entweder von einem anwesenden, realen Elternteil repräsentiert oder eher symbolisch vermittelt wird im elterlichen System eines allein lebenden Elternteils. Wo-

19 Das zivilisatorische Konzept vom *Amt des Vaters* stammt von Pierre Legendre, der es in seiner Arbeit *Das Verbrechen des Gefreiten Lortie* ausführt, S. 66. Das Wort vom *Amt der Eltern* schließt sich diesem Konzept (locker) an: betont werden sollen die gesellschaftliche, kulturelle Verpflichtung und die Verantwortung der Elternschaft.

20 Peter Widmer versteht darunter die Wunschbewegung des Verschmelzens (1997, S. 33).

bei Mutter und Vater auch die relevanten (lebensgeschichtlich gewachsenen) *Bilder* für die Realisierung gleichgeschlechtlicher Elternschaft sein dürften.[21]

Elternschaft ist – in den meisten familiären Gefügen – die gemeinschaftliche Leistung eines Paares, das seinem Kind einen Alltag organisiert, den Donald Winnicott (2006) auf seine unnachahmliche Weise für offene, häufig schwer zu übersetzende[22] Konzeptionen *facilitating environment* [fördernde und förderliche Umwelt] nannte: ein komplexes Beziehungsfeld beweglicher Rollen und Funktionen der Zuwendung, Versorgung, Förderung und Unterstützung, der gegenseitigen Einflussnahme und der gegenseitigen Veränderung. Das Kind, das ist der Kern des psychoanalytischen Sozialisationskonzeptes, entwickelt aus seinen Beziehungserfahrungen mit den Protagonisten der familiären Umwelt sein eigenes System des Selbstmanagements, der affektiven Selbstregulationen und der Beziehungsgestaltung. Sein Leben beginnt in der Familie, seine Familie hinterlässt in ihm ihre Spuren.

Mit dem Wort *Erziehung* ist dagegen ein eher eindimensional konzipierter, hierarchisch verstandener Entwicklungsprozess gefasst. *Erziehung* gehört zu den ungenauen, überflüssig gewordenen Wörtern, an denen wir dennoch festhalten – einer schnellen Verständigung wegen. Erziehen bedeutet ursprünglich ein *Herausziehen* – ein Erwachsener zieht einen Kern, einen Charakter, eine Persönlichkeit aus einem Kind oder einem Heranwachsenden heraus, auch wenn er oder sie sich dagegenstemmt. Erziehung, so verstanden, ist die Macht des oder der Einen und die

21 Das als *Kernfamilie* – Mutter, Vater und ein Kind – bekannte familiäre Gefüge ist offenbar auch für andere, unkonventionelle familiäre Gefüge weiterhin das Modell der Orientierung, führt Dorett Funke in ihrer Arbeit »In welchen Familien leben wir eigentlich?« (2017) aus.

22 Darauf hat Michael Astroh in seinem Aufsatz *»Die Sprache des anderen. Zur Übersetzung eines psychoanalytischen Klassikers* (2016) hingewiesen – weshalb, wenn möglich, die Lektüre der Originaltexte zu empfehlen ist.

Ohnmacht des oder der Gezogenen. Erziehung – wenn man diesen Begriff überhaupt verwenden will (Ahrbeck, 2004) – ist ein bewusster und ein nicht bewusster, geplanter und nicht geplanter interaktioneller (gegenseitiger) Prozess vieler bekannter und unbekannter Beteiligter.

Erziehung suggeriert: Als könnte ein Erwachsener, mit dem Auftrag der Förderung eines Kindes versehen, den Prozess der Entwicklung übersehen und steuern. Erziehung ist das Wort für eine Illusion der Überlegenheit, aber ohne eine kluge und redliche Abstimmung des oder der Erwachsenen mit dem Kind geht es nicht. Erziehung lebt von der guten Beziehung und damit von dem ausreichend konsistenten (nicht sehr ambivalenten oder sehr unsicheren), integren Vorbild der oder des Erwachsenen, die oder der auf modifizierte, vor allem unbewusste Weise zurückgibt, was sie oder er in der eigenen Entwicklung erfuhr. Die oder der Erwachsene lebt dabei die eigene Grundüberzeugung vor, was für ein gutes (anständiges) Leben in einer demokratisch verfassten Gesellschaft als notwendige Haltung dem Kind weitergegeben werden soll. Das Kind wiederum teilt seinen Eltern, ob sie es wollen oder nicht, das Notwendige der Gegenwart mit. Die Eltern vermitteln ihm das Notwendige ihrer eigenen persönlichen Geschichte und ihrer eigenen Art und Weise, die Gegenwart zu leben und zu meistern. Der Vater, der von seinem Vater schwer geschlagen wurde und sich vorgenommen hatte, seine Kinder nie zu schlagen, hält diesen Vorsatz ein, aber vermittelt dennoch seinen Groll, den seine Kinder aufnehmen – er ist ein anderer Vater als sein eigener Vater. Er hatte seinen Groll einigermaßen in der Hand. Hat er seine Kinder *erzogen*? Er hat sich als ein aufrichtiges Vorbild erwiesen, das seinen Kindern seine (kindlichen und jugendlichen) Beziehungserfahrungen nicht (sehr) aufdrängte und ihnen einen ausreichenden Raum zur Entfaltung einräumte, weshalb seine Kinder ihn deswegen schätzten und liebten. Er war ein Vorbild für Veränderung und für die Zuversicht in Veränderung und gestattete insofern ausreichend gute Identifikations- und Internalisierungsprozesse.

Wahrscheinlich entscheidet der selbstreflexive Prozess der Eltern, die sich an ihre eigene Kindheit gut erinnern, sich gegenseitig beim Umgang mit ihren Kindern gut beobachten und sich hinsichtlich der eigenen nicht bewussten oder nicht eingestandenen Impulse auf die Sprünge helfen, über die Qualität ihrer Elternschaft. Der selbstreflexive Prozess kühlt die elterliche Aufgeregtheit und Besorgtheit ab. Zuversichtliche Gelassenheit und das Vertrauen in die produktiven Lebensbewegungen der eigenen Kinder – auch wenn sie auf den ersten Blick als gar nicht so produktiv erscheinen mögen (weil sie dem Elternteil als fremd und unverständlich erscheinen) – gehören zu einer lebensbejahenden Haltung von Eltern, die ihre Kinder kritisch begleiten, aber ihnen Entwicklungsräume großzügig (soweit möglich) zugestehen. Katastrophale Lebensereignisse sind glücklicherweise selten.

Ziemlich weit hinten

Regelmäßig kursiert diese Meldung in unserer Öffentlichkeit und schlägt das eine Mal einen besorgten, das andere Mal einen dramatischen Ton an: *Deutschland hat eine der niedrigsten Geburtenrate weltweit.* Die Kinderlosigkeit von Paaren ist bei uns weit verbreitet; die meisten Familien haben in der Mehrzahl entweder ein Kind oder zwei Kinder, selten mehr. Wir belegen mit einer seit Jahren konstanten durchschnittlichen Geburtenrate von knapp 1,47 Kindern – so die neuesten Daten (Jaeger, 2016, S. 10) – einen letzten Platz im internationalen Vergleich. Bundesdeutsche sozialpsychologische Studien identifizierten ein sogenanntes *Vereinbarkeitsproblem* (von beruflicher und persönlich-intimer Lebenspraxis) als die »wichtigste Ursache für die Kinderlosigkeit« (Dorbitz & Diabeté, 2015, S. 124). Es gibt, kurz gesagt, heutzutage zu wenig Zeit oder Raum für beides. Der achte Familienbericht des Bundesministeriums für Familie, Senioren, Frauen und Jugend vom Frühjahr 2012 folgte dieser Lesart – der Titel des Berichts *Zeit für die Familie. Familienpolitik als Chance einer nachhaltigen Familienpolitik* deutete das Programm des Gesetzgebers an.

Der Begriff *Vereinbarkeitsproblem* ist unscharf. Auf den ersten Blick ist er die naheliegende Verdichtung der Beschreibungen von Befragten, die mit standardisierten Fragebögen um Auskunft über ihre Lebenspraxis gebeten wurden (ebd.). Auf den zweiten Blick berücksichtigt das Vereinbarkeitsproblem nicht die existenzielle Dimension von Elternschaft: Sie ist nicht zu vereinbaren mit der gewohnten, alltäglichen Lebenspraxis. Elternschaft ist ein besonderer Lebensentwurf und muss zu den Lebenswünschen passen. Sie erfordert die Entscheidung für eine Revision der Hierarchie von Lebenswünschen – und damit die Entscheidung für die Eroberung eines ausreichenden Raumes im Lebensalltag für die Versorgung, Begleitung und Förderung eines Kindes. Das Elternpaar muss sich darin gegenseitig unterstützen, eine *andere* Lebenspraxis zu etablieren und ihr den Vorrang einzuräumen. Das ist angesichts der Komplexität der Lebenswünsche junger und nicht mehr so junger Paare, ihren Platz zu finden und ein gutes (zufriedenstellendes) Leben zu leben, angesichts ihrer Lebensverhältnisse und ihrer beruflichen Anforderungen eine schwierige Aufgabe. Was kann man Kindern an existenzieller Instabilität zumuten? Was können Eltern ihnen zumuten – von ihnen verlangen?

Natürlich muss eine Gesellschaft den Eltern entgegenkommen mit einer großzügigen Gesetzgebung, die Elternschaft ermöglicht und garantiert, mit Instituten und sozialen Einrichtungen. An *Elternzeit* sollte der Gesetzgeber nicht sparen; sie sollte den Vorrang haben vor einer forcierten Kontinuität beruflicher Praxis. Zudem ermöglicht heute die Digitalisierung Familien unterstützende Rhythmen von beruflicher Anwesenheit und Abwesenheit. Zu wünschen ist, dass eine Gesellschaft *grundsätzlich* darüber nachdenkt, ob die Existenz von Familien noch besser gesichert werden könne (neben den bestehenden vergleichsweise großzügigen Hilfen: per Steuergesetzgebung, Finanzierung von Wohnraum, eventuell Zuschüsse für den Erwerb von Wohnraum, günstige Kredite), sodass Elternpaare darin unterstützt werden, zueinander solidarisch sein zu können, ohne sich mit ihren Kindern abgehängt zu fühlen. Eltern sind mit ihren Kindern reich – dieser immense Reichtum (für die Zukunft einer Gesellschaft) sollte anerkannt, geschätzt und honoriert werden.[23]

---

23 In der *Frankfurter Allgemeinen Zeitung* wurden in dem Artikel »Arme Familien wurden reicher gerechnet« die Befunde zur Armut von Familien und Elternteilen mit Kindern referiert: »Die finanzielle Belastung steige mit jedem […] Kind

Das *Vereinbarkeitsproblem* ist ein Wort zur Frage des Abwägens. Aber Elternschaft ist vor allem eine Form des Liebens – jenseits des kaufmännischen Kalküls. Sie passt nicht zu einer der bundesdeutschen Lieblingsfragen: *Was bringt mir das?* Was Elternschaft einem *bringt,* weiß man erst später – im Prozess der Entwicklung der Kinder. Zuerst geben die Eltern (mehr oder weniger) freiwillig, dann bekommen sie später, wenn es gut läuft, viel zurück. Ob es genug ist, müssen die Eltern später sehen. Und führt das Vereinbarkeitsproblem mit seiner Last des Balancierens nicht die leise Klage, *man hätte zu wenig für sich?* Man komme zu kurz oder zumindest nicht zu dem, was man möchte? Was möchte man und wo möchte man hin?

Eine knappe Antwort riskiert die Gefahr der Trivialität. Ulrich Beck, der kürzlich verstorbene Soziologe, hat eine pointierte Antwort gegeben: »Es gibt«, schrieb er, »im Westen der Welt wohl kaum einen verbreiteteren Wunsch als den, ein eigenes Leben zu führen« (Beck, 1997, S. 9).

Ein eigenes Leben führen – was ist das? Wenn wir die Hochglanzabteilungen unserer Printmedien nach den Bildern der Werbung für ein gutes Leben durchsehen, dann wird dort ein gut ausgestattetes Leben fantasiert mit geräumigen Häusern, großzügigen Grundstücken und mit dem Blick auf hügelige Landschaften und ein fernes Meer – da wollen offenbar unsere (westlichen) konsum-kapitalistischen Fantasien hin. Mit dem Blick auf die Geschichte der Bundesrepublik ist das doch wohl (vor allem) das (aristokratisch assimilierte) Wunschbild der ordentlich verdienenden akademischen Mittelklasse nach einem beziehungssicheren und ökonomisch einigermaßen gesicherten Bewegungsspielraum mit wenigen (strapaziösen) familiären Bindungen – fern von den Eltern, fern von deren Invasionen (in die eigenen Lebenswelten), fern von der familiären Enge, fern von

an […]. Armutsgefährdet seinen 13 Prozent der Paare mit einem Kind, 16 Prozent mit zwei und 18 Prozent mit drei Kindern. Für Alleinerziehenden liege die Armutsrisikoquote sogar bei 68 Prozent […]« (*FAZ*, Nr. 33, vom 7.2.2018, S. 20).

der familiären Gereiztheit, fern von dem grollenden und gereizten Terror der (alten) deutschen Sozialisation. *Die Eltern reden einem nicht mehr rein.* Wir müssen – was das Konzept der *Vereinbarkeit* nicht tut – die deutsch-bundesdeutsche Geschichte mit ihrer Transformation der Kindheit und der Elternschaft in den Blick nehmen.

Die deutsche Geschichte hörte nach 1945 (langsam) auf, die bundesdeutsche Geschichte fing 1949 (langsam) an. Nicht nur die öffentlichen (institutionalisierten) Räume änderten sich, sondern auch die privaten, intimen Räume der Kinderstuben und der familiären Gefüge. Das Nachkriegsproblem bestand nicht nur in dem (je nach Lesart: mehr oder weniger geglückten) öffentlichen Diskurs von Schuld, Scham und Verantwortung, sondern die *bundesdeutschen* Folgekosten der Katastrophe der nationalsozialistischen Vernichtungsorgie – die millionenfache Zerstörung individueller Lebensentwürfe mit traumatischen Folgen (deren Ausmaß wir inzwischen ahnen), die Ernüchterung über die grandiosen Verheißungen, die Beschämung über die deutschen Verbrechen, die Leugnung oder die Weichzeichnung der eigenen Handlungspraxis, die angesichts der zögerlichen Klärung der Verbrechen etablierte unsichere demokratische Moral – wurden in den privaten vier Wänden ausgesprochen oder unausgesprochen, offen oder brütend ausgetragen im Kontext des (fast) kompletten Scheiterns der Kultur und der Traditionen deutscher Sozialisationsformen. Nach 1945 fühlten sich die Eltern (mehr oder weniger) entwertet; zur (demokratisch verfassten) Gegenwart hatten sie wenig zu sagen; entweder sie rechtfertigten sich für das Ausmaß ihrer Beschämung, sie schwiegen, sie hielten bockig-verstummt an ihren nationalsozialistischen Überzeugungen fest oder sie erzählten ihren Kindern die Geschichte ihrer Anpassung und punktuellen Auflehnung. Die Eltern waren keine *democratic natives* – das brachten ihnen die Kinder auf ihre Weise bei. So gab es in den Jahrzehnten der Nachkriegszeit (die vielleicht im November 1989 vorläufig endete) die angeschlagenen, beschädigten, verbitterten, unzufriedenen, enttäuschten und beschämten Eltern. Es gab die zerstrittenen, gereizten Eltern, die konfliktreichen Familien. Die privaten vier Wände erzitterten in vielen Stockwerken unserer Wohnhäuser. *Was werden bloß die Nachbarn sagen, wenn die uns so hören?* Der Wohnungsraum war knapp, die Kinderzimmer waren rar. Kinder spielten *auf der Straße* – sie war kein gern gesehener öffentlicher Raum und bestätigte die häusliche Platzarmut. Es musste gerechnet werden. Die Wünsche waren groß; sie mussten unterdrückt werden.

Für die bundesdeutsche Gesellschaft wurden seit 1949 die demokratisch orientierten Vorbilder für Elternschaft gesucht. Eine enorme Transformation fand statt: vom anherrschenden, einschüchternden Tonfall des typischen deutschen Vaters (aus den beiden ersten Dritteln des 20. Jahrhunderts, als die Mutter hinter dem Rücken ihres Mannes dessen Interventionen wegpufferte und die Entwertung des Vaters einführte [Erikson, 1965, S. 332]) – *Keine Widerworte! Des Soldaten Pünktlichkeit ist fünf Minuten vor der Zeit! Solange du deine Füße unter meinen Tisch streckst, solange tust du, was ich dir sage!* – bis zu den heute (zu Unrecht) karikierten *Helikopter-Eltern*[24]; von der väterlichen Haltung des demütigenden Terrors zur mütterlichen Haltung der bindenden und kontrollierenden Sorge. Wie sehen heute die guten Bilder von Elternschaft aus? Wo sind sie zu finden? Wie ist Elternschaft konnotiert? Ist sie mütterlich oder väterlich orientiert oder anders balanciert? Welche Geltung haben die *Bilder* von Vater und Mutter? Die Antworten werden gegenwärtig gesucht.

Wahrscheinlich ist es von den jüngeren Generationen klug, sich für ihre Entscheidung zur Elternschaft Zeit zu lassen. Es ist ihre Sache, wie sie sich mit den Beziehungserfahrungen ihrer

24 Die Eltern im Helikopter sind ein unfreundliches Bild für eine Elternschaft. Sie schauen eben nicht aus der Ferne von weit oben erbarmungslos auf das Kind, sondern aus der Nähe der kontrollierenden und bindenden Sorge; sie sind unsicher und irritieren (möglicherweise) ihre Kinder mit ihrer bedrängend kommunizierten Unsicherheit (Kraus, 2013).

Kindheit im bundesdeutschen Kontext und in ihren Lebensentscheidungen positionieren. Die Daten zur Mutterschaft – die Mütter in Westdeutschland waren 2010 bei der Geburt ihres ersten Kindes fünf Jahre älter als in den 1960er Jahren – legen die Vermutung nahe, dass Frauen (wahrscheinlich doch im Einverständnis mit ihren Männern) dann Mütter werden, wenn die Elternschaft zu den Lebensverhältnissen und dem Lebensentwurf *passt.*[25] Das kann nicht schlecht sein, denn es würde oder könnte bedeuten, dass Eltern ihre Kinder willkommen heißen – und sie nicht mit den tief ambivalenten Gefühlen einer Geburt zur *falschen Zeit* aufnehmen. Kindern wird der Raum, den die Eltern ihnen zuweisen, enorm guttun. Zufriedene Eltern lassen kreative Kinder aufwachsen.

25 In dem Artikel »Die Liebe der Deutschen zur Familie« meldet Nadine Bös: »kein Abschied von der Familiengründung. Karriere steht nicht an erster Stelle. Eltern Plus wird beliebter« (2018, S. 15).

Der schwierige Trennungsprozess und die lebenslange Anstrengung, die Wirklichkeit der Getrenntheit zu behaupten

Unser Verbum *trennen* ruft die Bilder übersichtlicher Vorgänge hervor. Die Naht wird mit der Schere aufgetrennt. Das Eigelb wird vom Eiweiß getrennt. Der Müll wird getrennt und in verschiedene Behälter deponiert. Kampfhähne, die sich ineinander verbissen haben, werden getrennt. Wie ist das bei einer Beziehung? Bei einer kollegialen, freundschaftlichen oder einer Liebesbeziehung? Auf keinen Fall geht es rasch. Je bedeutungsvoller eine Beziehung, umso schwieriger ihre Auflösung. Eine Beziehung wird von gemeinsamen, aber auch unterschiedlich geteilten Sympathien und Begehren, Bindungen, Verpflichtungen und Loyalitäten gehalten. Man kündigt sie ungern auf. Man sagt ungern, dass man sich deutlich unterscheidet. Man sagt ungern, dass man anders empfindet, weil man in dem Augenblick, in dem man die eigene Differenz (der Lebenswünsche, Lebensinteressen und Lebensvorstellungen) ausspricht, vereinsamt. Den eigenen Weg allein zu gehen gegen die Absichten, Interessen und Wünsche derer, mit denen wir uns verbunden fühlen, verlangt – das wissen wir seit unserer Kindheit – die riesige Anstrengung, dem (erwarteten und befürchteten) dröhnenden Chor des Einspruchs der vielen Stimmen im inneren Dialog keine Folge zu leisten. Zudem muss man die Enttäuschung und die Reaktion auf die Kränkung des Partners oder der Partnerin fürchten.

Für Eltern verkompliziert sich ihre Lage. Der Wunsch eines oder beider Elternteile, sich zu trennen, richtet sich nicht gegen die Kinder. Sie sind nicht verantwortlich – aber dennoch empfinden die Kinder ihn gegen sich gerichtet: *als ein Verraten und ein Verlassenwerden*. Eltern brechen ihr Versprechen von Elternschaft und bürden ihren Kindern die Folgen ihrer Entscheidung auf. Die Kinder sehen ihre Eltern weiterhin (wenn der Prozess der Trennung das kooperierende Elternpaar erhält) getrennt als Mutter und Vater und haben unterschiedliche Beziehungen zu ihnen; aber zugleich existiert die Mutter nicht ohne den Vater und der Vater nicht ohne die Mutter: Das Elternpaar ist der sie sichernde Hintergrund ihres Lebens.

Was können die auseinandergehenden Eltern tun? Sie sollten den Vorwurf der Schuld, den ihre Kinder ihnen direkt oder indirekt machen, nicht bekämpfen oder auszuräumen versuchen, sondern annehmen, aushalten und ertragen. Mit den Kindern darüber zu streiten oder sich ihnen gegenüber zu rechtfertigen, hilft und klärt nicht. Die Eltern sollten ihren Kindern das Problem des getrennten Elternpaares und der kooperierenden Elternschaft immer wieder ausbuchstabieren und ihnen versichern, dass sie ihnen als Eltern erhalten bleiben. Aber entscheidend ist, dass sie es tun, dass sie eine Lebenswirklichkeit einrichten, die einerseits die Trennung realisiert und die andererseits das Versprechen einlöst, als Elternteile weiterhin zur Verfügung zu stehen.

Das ist, wie so oft, leicht gesagt, aber schwergetan. Eltern trennen sich, weil der eine oder beide Elternteile sich nicht mehr aushalten. Wer sich trennt, betont die Abneigung und die Differenzen. War die Beziehung der Eltern früher von einer positiv getönten Balance (einer geteilten Zuneigung) bestimmt, so dominiert im Trennungsprozess die negativ getönte Balance (einer geteilten oder bestrittenen Abneigung). Kränkungen sind die Folge, offene Rechnungen werden nachgehalten, alte (negative) Erfahrungen nachgekartet, Vergeltungswünsche fantasiert, gepflegt und möglicherweise realisiert. Turbulenzen, kann man sagen, bleiben nicht aus. Sie sind, solange sie das Amt der Elternschaft nicht ernstlich gefährden, trotz allem ein gutes Zeichen: für den unmöglich zu unterdrückenden Schmerz, eine lebensrelevante Beziehung aufzugeben. Sich zu trennen bedeutet für das

Elternpaar, sich vielleicht gemeinsam oder als Elternteil allein den Schmerz des Verlusts einer einstmals mit Lebenswünschen und Lebenshoffnungen ausgestatteten Beziehung, die Schuld ihrer Aufgabe, die Kränkung und die Trauer über ihr Scheitern zuzugestehen.

Sich zu trennen verlangt, sich gut zu erinnern. Das Elternpaar geht – vielleicht gemeinsam (trotz des strapaziösen Trennungsprozesses) oder jeder Elternteil für sich – seine vielen Beziehungserfahrungen durch, die sich verdichtet haben in den unzähligen, wiederkehrenden Erinnerungen an die deutlichen und undeutlichen, an die ungewöhnlichen und alltäglichen Lebensereignisse und deren emotionale Tönungen. Das Elternpaar bilanziert seine Erfahrungen – gemeinsam oder als Elternteil allein –, wiegt sie gegeneinander ab, festigt seine Entscheidung, sich zu trennen, und schließt – mehr und mehr gewiss – die Rückkehr in die aufgegebene Beziehung aus. Das ist ein fragiler Prozess der Selbstvergewisserung der Trennungsentscheidung.

Sich zu trennen bedeutet, den inneren Aufruhr der Erschütterung auszuhalten, zu ertragen, zu sortieren und zu balancieren. Sich zu trennen bedeutet, das Tempo des Karussells der Affekte im inneren Dialog zu verlangsamen. Sich zu trennen bedeutet, noch einmal gesagt, sich gut zu erinnern. Es gibt die Tendenz, im Prozess des Sich-Trennens die aufgekündigte Beziehung mit dem Selbsteingeständnis abzuhaken: *Sie einzugehen war ein Fehler.* Die Vokabel *Fehler* ist unangemessen und tückisch. Sie wirkt wie eine Einsicht, aber sie dient der Verleugnung und dem Rückwärtsfantasieren im inneren Dialog nach dem Muster: *Wäre ich doch damals nicht ... hätte ich nicht ...* Hinterher, heißt es, ist man (manchmal) klüger. Aber wenn man zurückblickt in die eigene Vergangenheit, war das spätere Hinterher in weiter Ferne; in der vergangenen Gegenwart war man so klug, wie man klug sein konnte: Man wusste es nicht anders. Die Zuneigung und das Begehren dominierten; die Beziehung versprach eine Zukunft. Damals war sie in Ordnung. Irgendwann veränderte sie sich. Und irgendwann konturierte sich die Absicht, die Beziehung aufzukündigen. Sie war kein Fehler. Das Wort *Fehler* suggeriert: Man hätte es besser machen können. Nein, man konnte es nicht besser machen. Deshalb muss man eine gescheiterte Beziehung nicht entwerten. Man *darf* eine gescheiterte Beziehung, die Kinder ins Leben geschickt hat, nicht entwerten, denn die Entwertung trifft die Kinder in ihren Lebenshoffnungen und Lebenswünschen. Die Lebenstatsache ihrer Zeugung war richtig, mit diesem Grundgefühl sollten Kinder aufwachsen können.[26]

Es ist die Frage, ob das Wort der Trennung die Realität des Prozesses, eine lebensbedeutende Beziehung aufzugeben, angemessen beschreibt. Wahrscheinlich nicht.[27] Wahrscheinlich ist es die Vokabel der Illusion, man könnte den aufgegebenen Partner oder die aufgegebene Partnerin vergessen und die mit ihm oder ihr gelebte Beziehung so ungeschehen machen, so wie man früher die Aufzeichnung auf einem Magnetband löschen konnte. Ein Rest an Erinnerungen, an Schuld, an Bedauern, an Zweifel bleibt und arbeitet in einem weiter. Es hört nicht auf. Es lässt möglicherweise nach. Das Bedürfnis und die Notwendigkeit der Vergewisserung, die richtige Entscheidung getroffen zu haben, *bleiben:* sich getrennt zu erleben und zu fühlen, erfordert die ständige (mehr oder weniger bewusste) Anstrengung, die Lebenswünsche und die Lebensinteressen gegen die Schuld der aufgegebenen Bindung zu behaupten.[28] Wenn im inneren Dialog

26 François Ozon hat den Prozess des Erinnerns von der Auflösung der Liebesbeziehung bis zu ihrem Beginn in fünf Lebensphasen rückwärts beschrieben: *5 X 2* ist der Titel seines bewegenden Films (F 2004).

27 »Nach einer Scheidung wird der nun ohne die Kinder lebende Elternteil häufig zum alleinlebenden Besuchselternteil. So bilden diese allein lebenden, geschiedenen Elternpersonen einen neuen Anteil an Alleinlebenden. Gleichzeitig stellen sie eine besondere Form familialen Lebens dar. Sie weisen darauf hin, dass wohl Liebespaare getrennt und geschieden, nicht aber Elternpaare *vollständig* getrennt werden können« (Ley & Borer, 1992, S. 169).

28 Die Anregung, dass die realisierte Wirklichkeit der eigenen Getrenntheit eine lebenslange, interaktiv behauptete Anstrengung darstellt, verdanke ich Ralf Zwiebel aus Kassel.

der aufgekündigten Beziehung weniger nachgegangen wird, die Amplituden der Gefühlsbewegungen sich verringern und die Erinnerungen allmählich verblassen, aber nicht verschwinden, dann beginnt die Umgestaltung der Beziehung, sich in der fragilen Gewissheit – wer ist gefeit gegen die Einbrüche der Selbstzweifel? – zu organisieren, eine angemessene Entscheidung getroffen zu haben. Wie sicher diese Realität ist, erfährt man, wenn man sich wiedersieht.

Probleme der Bevölkerungsstatistik mit der familiären Zellteilung

Die Zahl der Patchworkfamilien ist unbekannt. Ebenso wenig kennen wir die Zahl der Patchworkfamiliensysteme. Das hängt mit der konzeptionellen Unschärfe sozialwissenschaftlicher Studien für die familiäre Zellteilung in Patchworksysteme zusammen, unter der die Erforschung dieser Lebensverhältnisse leidet. Bislang besteht die sozialwissenschaftliche, statistische Forschung des Bundes (mittels einer regelmäßig erhobenen, riesigen repräsentativen Stichprobe) in der Auszählung der verschiedenen Merkmale der *Haushalte* (als zentraler Untersuchungseinheit) und deren Mitglieder.[29] Die *Bundesstatistik*[30] unterscheidet Haushalte und Familien. Haushalte sind Gemeinschaften von Personen, die zusammenleben und eine wirtschaftliche Einheit bilden, wobei auch alleinlebende Personen dazugezählt werden (Einpersonenhaushalte wie beispielsweise Untermieter und Untermieterinnen). Zu einem Haushalt können verwandte und nicht verwandte Personen gehören. Familien sind Eltern-Kind-Gemeinschaften und bestehen aus (mindestens) zwei Generationen; sie werden bestritten von heterosexuellen und homosexuellen Ehepaaren, von heterosexuellen und homosexuellen Lebensgemeinschaften sowie von den jeweils getrenntlebenden

---

29 Die Repräsentativstatistik des Bundes wird *Mikrozensus* genannt. Sie wird seit 2005 mit dem *Gesetz zur Durchführung einer Repräsentativstatistik über die Bevölkerung und den Arbeitsmarkt sowie die Wohnsituation der Haushalte* für die Jahre 2005 bis 2016 geregelt (https://www.gesetze-im-internet.de/mzg_2005/BJNR135000004.html).

30 Wortwahl des Gesetzes.

Müttern und Vätern mit ledigen Kindern. Ob diese Kinder leibliche, fremde, adoptierte oder zur Pflege aufgenommene Kinder sind, unterscheidet die Bevölkerungsstatistik *nicht*. Haushaltsinterne und haushaltsexterne Beziehungen werden somit *nicht* registriert.

Mit diesem Frageraster können Patchworkfamilien und Patchworksysteme nicht erfasst werden. Hier findet sich die Beschreibung einiger (typischer) Patchworksysteme gewissermaßen zur Gegenprobe, wie sie in der Bevölkerungsstatistik des *Mikrozensus* als statistische Wirklichkeit bestimmt würden.

1. Inge hat aus ihrer ersten Ehe eine Tochter und einen Sohn. Ihr geschiedener Mann lebt allein in seinem eigenen Haushalt. Inge hat sich erneut gebunden und lebt mit ihren beiden Kindern und ihrem ebenfalls geschiedenen (in dieser Ehe kinderlos gebliebenen) Partner zusammen, der keinen Kontakt zu seiner ersten Frau mehr hat und dessen Eltern verstorben sind. Inge hat mit ihrem Partner ein gemeinsames Kind. Ihre beiden Kinder leben in einem ausgehandelten Rhythmus abwechselnd im (eigenen) mütterlichen und im väterlichen Haushalt. Sie sehen ihre getrennten Eltern regelmäßig. Die Eltern teilen sich das Sorgerecht.

   In der Bevölkerungsstatistik würde dieses Beispiel als entweder – je nach Zeitpunkt der Befragung und der jeweiligen Anwesenheit der Kinder – als heterosexuelle Lebensgemeinschaft mit drei Kindern und als Einpersonenhaushalt oder als heterosexuelle Lebensgemeinschaft mit einem Kind und als alleinerziehender Vater mit zwei Kindern verbucht werden. In der Bevölkerungsstatistik wären die jeweiligen (aufeinander bezogenen) familiären Gefüge *einzelne, unverbundene Einheiten.*

2. Petra hat aus ihrer ersten Ehe zwei Söhne und jetzt in ihrer zweiten Ehe eine Tochter. Ihr geschiedener Mann ist wieder verheiratet und wird von seinen Söhnen regelmäßig besucht; dessen neue Frau hat drei erwachsene Kinder, die in eigenen Haushalten leben.

Bevölkerungsstatistisch hätten wir – je nach Zeitpunkt der Befragung und der jeweiligen Anwesenheit der Kinder – eine Familie (heterosexuelles Paar mit drei Kindern) und eine zweite Familie (heterosexuelles Paar ohne Kinder) *oder* eine Familie (heterosexuelles Paar mit einem Kind) und eine zweite Familie (heterosexuelles Paar mit zwei Kindern). Wiederum würden in der Statistik zwei *einzelne, unverbundene familiäre Einheiten* ausgewiesen werden.

3. Karin hat drei Söhne, die drei Väter haben. Sie lebt jetzt mit ihren drei Jungen mit einem neuen Partner zusammen, der seinerseits ein Kind aus seiner zweiten Ehe in die Beziehung zu Karin eingebracht hat. Die zwei Kinder aus der ersten Ehe des Partners von Karin leben bei dessen erster Frau. Seine zweite Frau ist wieder verheiratet und ist in dieser Ehe Mutter von einem Kind geworden. Die drei Väter von Karins Söhnen sind ihrerseits wieder verheiratet und haben in ihren Beziehungen insgesamt fünf Kinder.

   Jetzt würden in der Bevölkerungsstatistik *sechs* Familien *(unverbunden)* registriert werden: jede mit einem heterosexuellen Paar, aber – je nach Zeitpunkt der Befragung und der jeweiligen Anwesenheit der Kinder – mit wechselnder Besetzung zwischen einem und vier Kindern.

4. Claus hat aus seiner ersten Ehe zwei Söhne. Seine zweite Frau ist kinderlos; sie hat die beiden Söhne adoptiert. Der Kontakt zur Mutter wurde abgebrochen. Das Sorgerecht der Kinder liegt bei Claus und seiner zweiten Frau. In diesem familiären System leben die Kinder ausschließlich. Ob und wo die Mutter lebt, ist unklar; sie existiert nur noch in der inneren Welt der beiden Söhne (in deren Erinnerungen, Gedanken, Fantasien und Sehnsüchten), die überlegen, wie sie den Kontakt zur Mutter aufnehmen können.

   Hier würde von der Bevölkerungsstatistik eine Familie (heterosexuelles Paar und zwei Kinder) und ein buchstäblich weit entfernter Einpersonenhaushalt registriert.

Die Lebensbewegungen und die mit ihnen verbundenen Lebensformen zu erforschen, ist natürlich eine schwierige und aufwendige Aufgabe. Im Jahr 2015 wurden 400.115 Eheschließungen registriert. Davon waren 269.024 Vermählungen erste Ehen lediger Partner und Partnerinnen. Erneut heirateten demnach 131.091 Paare – knapp 33 Prozent aller Eheschließungen des Jahres 2015. Davon versprachen sich bei 71.238 Vermählungen jeweils einerseits ledige, andererseits geschiedene Partnerinnen und Partner die Ehe – eine Partnerin oder ein Partner war bereits (zumindest) einmal verheiratet, die oder der andere nicht. Bei weiteren 59.853 Ehen heirateten geschiedene oder verwitwete Partnerinnen und Partner. Welche der Partnerinnen und Partner der 131.091 geschlossenen Ehen zugleich auch Mütter und Väter waren, lässt sich diesen Zahlen nicht entnehmen. Welche Patchworkgefüge und Patchworksysteme aus diesen 131.091 Ehen entstanden, können wir nicht sehen.

Betrachten wir die Scheidungen. 2015 wurden 163.335 Ehen aufgelöst. Davon war knapp die Hälfte der verheirateten Paare (82.019) Eltern noch nicht erwachsener Kinder. Insgesamt erlebten 131.749 Kinder durch die Scheidungen ihrer Eltern die Katastrophe des Verlusts ihrer familiären Umwelt. In welcher Lebensform haben sich die Mütter und Väter wieder gebunden und welche familiäre Einheit (Umwelt) haben sie für ihre Kinder gefunden? Diese Frage lässt sich nur in langfristigen Längsschnittuntersuchungen beantworten.

Im Jahr 2015 wurden in etwa acht Millionen Familien mit minderjährigen Kindern gezählt.[31] Dabei wurden die Familien nach ihrem elterlichen Zentrum unterschieden in: fünfeinhalb Millionen *Ehepaare*, gut eineinhalb Millionen *Alleinerziehende* und knapp 850.000 (verschieden- oder gleichgeschlechtliche) *Lebensgemeinschaften*. Welchen Anteil die Patchworkfamilien und

31 Die in der Bevölkerungsstatistik des Wiesbadener Bundesamtes ausgewiesene Zahl war 8.032.000. Alle Zahlen, wenn nicht anders ausgewiesen, stammen vom Statistischen Bundesamt.

die Patchworksysteme an diesen acht Millionen Familien haben, ist unklar. Im *Monitor Familienforschung* wurde der geschätzte Anteil von Patchworkfamilien an der gesamten Anzahl der acht Millionen Familien mit der Quote von sieben bis dreizehn Prozent angegeben; dafür waren verschiedene ältere Datensätze (von 2005) mit dem Resultat unterschiedlicher Prozentanteile von acht bis 13 ausgewertet worden (BMFSFJ, 2013, S. 9). Legt man diese Quoten auf die 2015 erhobene Zahl von ca. acht Millionen Familien an, dann erhält man einen Anteil von Patchworkfamilien, der um die Größe von einer Million schwankt.[32] Damit wird man möglicherweise der Wirklichkeit von Patchworkfamilien und Patchworksystemen nicht gerecht. In welchem Ausmaß die Lebensgemeinschaften und die allein ihre Kinder versorgenden und fördernden Elternteile zur Wirklichkeit von Patchworkfamilien und Patchworksystemen beitragen, wissen wir nicht.

Die Autorinnen und Autoren des *Monitors Familienforschung* geben weitere aus den Daten von 2005 abgeleitete Schätzungen an. Etwas weniger als die Hälfte der Patchworkfamilien weist demnach das Paar aus *Elternteil und kinderlosem Partner* auf – die Autoren und Autorinnen sprechen von der *Stiefvaterfamilie*. In weniger als einem Drittel der Patchworkfamilien besteht das Paar aus *Elternteil und kinderloser Partnerin* (die *Stiefmutterfamilie*). In etwa einem Viertel der Patchworkfamilien sind die Partner und Partnerinnen der Paare zumindest Elternteile eigener Kinder und möglicherweise auch Eltern gemeinsamer Kinder (die *Patchworkfamilie*) (BMFSFJ, 2013, S. 11).

Von den acht Millionen Familien versorgen und fördern gut eineinhalb Millionen Elternteile (1.640.000) ihre Kinder. In der Bevölkerungsstatistik des Bundes werden sie als *Alleinerziehende* bezeichnet. Der Begriff *Alleinerziehende(r)* klingt einfach, ist es aber nicht. Als alleinerziehend gilt ein Elternteil, der am Tag der Befragung erklärt hat, dass der andere Elternteil abwesend

32 Im *SPIEGEL Special* vom 7.8.2007 wurde die Zahl von 850.000 Patchworkfamilien angegeben (Nr. 4, S. 5).

sei. Es wird nicht weitergefragt, *wo* der andere Elternteil *sei, ob* ein Kontakt oder eine regelmäßige Kooperation mit ihm bestehe und ob die Kinder ihn besuchen würden. Mit anderen Worten: Die Beziehung zum abwesenden Elternteil wird nicht erfragt. Es wird auch nicht danach gefragt, inwieweit der mit seinen Kindern lebende Elternteil von den eigenen Eltern, den ehemaligen Schwiegereltern oder einem Partner oder einer Partnerin unterstützt wird, der oder die unregelmäßig oder in bestimmten Rhythmen im Haushalt des Elternteils lebt.

Wahrscheinlich deutet die Kategorie *alleinerziehend* die enorme Not der elterlichen Katastrophe an: dass es einer Reihe von Eltern, die ihre Familien aufgelöst haben, nicht gelungen ist, für eine gute (nicht traumatische) Entwicklung ihrer Kinder weiterhin als Eltern gemeinsam und zuverlässig zur Verfügung zu stehen. Wie groß die Zahl der nicht kooperierenden Eltern tatsächlich ist, ist nicht bekannt. Das Wort vom *alleinerziehenden* Elternteil taugt auch für einen Vorwurf oder ein Bedauern.

Ein Beispiel: Im April 2017 lautete der Titel des in der *FAZ* erschienenen Artikels von Dietrich Creutzberg »Viele Unterhaltsverweigerer kommen durch«. Womit? Sie erstatteten, so ist zu lesen, den sogenannten *Unterhaltsvorschuss* nicht zurück; der staatlich gewährte *Vorschuss* war ihren getrenntlebenden Partnerinnen oder Partner ausgezahlt worden, weil sie der Verpflichtung rechtzeitiger und regelmäßiger Unterhaltszahlungen nicht nachkamen. Der Verdacht der Verweigerung wurde in dem Bericht mit der geringen *Rückholquote* der Behörden begründet: Von den ausgelegten 850 Millionen Euro wurden nur 192 Millionen Euro zurückerstattet. »Etwa 450.000 Alleinerziehende«, so Creutzberg, »werden [...] vom Staat unterstützt, weil ihr Expartner keine Alimente für die Kinder zahlt« (2017, S. 15). Wie viele der getrenntlebenden Elternteile den Unterhalt zu zahlen versäumten, ist dem Bericht nicht zu entnehmen. Von den zum Unterhalt Verpflichteten »haben etliche«, räumt Creutzberg ein, » tatsächlich kein ausreichendes Einkommen und beziehen ihrerseits sozialstaatliche Fürsorgeleistungen« (ebd.). Zudem waren die getrenntlebenden Partner und Partnerinnen häufig nicht mehr zu erreichen. Inzwischen wurde das einschlägige Gesetz (§48 SGB I) novelliert; der Unterhaltsvorschuss ist nicht mehr auf sechs Jahre beschränkt, der Anspruch gilt bis zum 18. Lebensjahr der Kinder (Creutzberg, 2017, S. 15).

Wir wissen noch wenig über die Patchworkfamilien und ihre Systeme (Konstellationen, Lebensdauer, Konflikttypen, Beziehungstypen). Allein ihre Kinder versorgende und fördernde Elternteile – wenn wir das Scheitern der Elternkooperation voraussetzen – gehören mit ihren Kindern zu der *zweiten großen Risikogruppe*, wie Georg Cremer schreibt, unterhalb der Armutsgrenze leben zu müssen:

> »Derzeit leben 1,6 Millionen Alleinerziehende mit 2,3 Millionen Kindern in Deutschland. Etwa 40% von ihnen haben ein Einkommen unterhalb der Armutsrisikoschwelle. Bei Paaren mit einem oder zwei Kindern liegt dieser Wert nur bei 10%. Trennung und Scheidung sind somit ein gravierendes Armutsrisiko. Das ergibt sich aus den wirtschaftlichen Folgen der Trennung: Die getrennt lebenden Elternteile brauchen zwei Wohnungen, wobei nach Möglichkeit auch die Wohnung des Elternteils, bei dem die Kinder nicht leben, Raum für deren Besuch bieten sollte« (Cremer, 2016, S. 34ff.).

II Die Entwicklung einer Patchworkfamilie

Die Not der Kinder

Die Katastrophe

Der Augenblick, wenn die Eltern den Kindern eröffnen, sie würden sich trennen, ist schrecklich. Die Sprache versagt. Was soll auch noch gesagt werden – außer vielleicht: *Wir haben uns nicht mehr lieb?* Was können Kinder mit diesem Satz anfangen? Wie verstehen die Eltern ihn? Wie verstehen die Eltern die Geschichte ihrer Beziehung? Wie kann man diese Geschichte erläutern? Es geht nicht. Der Schock und die Schuld lähmen. Der Entschluss der Eltern, auseinanderzugehen, ist nicht zu besprechen und zu verhandeln – was nicht bedeutet, dass die Eltern schweigen, sondern dass sie sich trauen, sich mit ihrer Sprachlosigkeit ihren Kindern auszusetzen.

Für die Kinder bewegt sich die Welt nicht mehr. Das Auseinandergehen der Eltern ist für sie eine Katastrophe. Mutter und Vater garantierten und organisierten eine familiäre Umwelt und Kultur, die die Entwicklung der Kinder förderten, unterstützten und schützten. Kinder geben ihren Eltern (normalerweise) schnell zu verstehen, was sie von ihnen erwarten und wünschen. Eltern kommen, könnte man sagen, angesichts der Bedürftigkeit ihrer Kinder um die tradierten Bilder und Formen mütterlichen und väterlichen Handelns nicht herum. Was Kinder schlecht sagen und ihren Eltern schlecht zu verstehen geben können, ist: Wie sehr ihr *Sicherheitsgefühl* von einem verlässlichen, zugewandten und wohlwollenden Elternpaar abhängt, das sie aufmerksam im Blick behält. Was sie ebenfalls nicht gut sagen und zu verstehen geben können, ist: Wie sehr ihre *Zuversicht* in ihre Lebensentwicklung von einem zufriedenen, sich liebenden Elternpaar abhängt.

Tag für Tag testen die Kinder die Stabilität und ihre Abhängigkeit von der familiären Umwelt und Kultur; Tag für Tag erweitern sie ihre Bewegungsspielräume im Prozess ihrer sich allmählich entwickelnden Unabhängigkeit. Sie lernen zu laufen, zu klettern, zu rennen, zu springen, zu balancieren, zu schwimmen, Rad und Ski zu fahren, vielleicht auch – was in unseren Wintern zunehmend unmöglich wird – zu rodeln; sie lernen unsere Kulturtechniken; sie lernen, sich zu binden, sich zu behaupten, sich durchzusetzen, zu verhandeln, zu streiten, ihre Sympathien und Antipathien zu verteilen und sich an ihnen zu orientieren; sie lernen, sich zu verlieben; sie lernen zu fantasieren, zu spielen, zu wünschen, Interessen zu entwickeln und zu verfolgen. Das Lernprogramm ist riesig. Die Entwicklungsfortschritte sind fragil. Bis sie (einigermaßen) sicher und zuversichtlich durchs Leben gehen, vergehen viele Jahre.

Wie viele Jahre? Die Antwort ist schwierig. Die Entwicklungsanforderungen werden ständig gesteigert – ausgesprochen und unausgesprochen, deutlich und undeutlich. Das Beziehungsnetz der Kinder erweitert sich rasch – real, imaginativ und virtuell. Die Welt lädt mehr und mehr ein, wird aber auch komplizierter. Mit ihrem Auseinandergehen riskieren die Eltern eine Art Vollbremsung der Entwicklungsprozesse ihrer Kinder. *Die Welt ihrer Kinder bricht ein. Sie verlieren ihre Lebenssicherheit. Sie verlieren ihren Lebensschwung und ihre Lebenszuversicht.* Was nun?

Die Gedanken, Fantasien, Sehnsüchte und Wünsche der Kinder überschlagen sich; ihre Gefühle sind in einem Aufruhr. Die idealisierten und idolisierten Bilder der Kinder von ihren Eltern – als versorgendes, schützendes und unterstützendes Paar von Mutter und Vater, als liebendes Paar von Frau und Mann, als Vorbilder und Lebensorientierungen – sind ernüchtert, relativiert, beschädigt oder sogar entwertet. Mutter und Vater sind nicht mehr Mutter und Vater. Sie sind anders geworden: fremde Vertraute.

Etwas fehlt. Eine *grundsätzliche Weltveränderung*[33], sagt Gerhard Amendt, breitet sich in ihnen aus (2006, S. 289). Die Beziehungen der Kinder zu den Eltern und der Eltern zu den Kindern sind plötzlich verändert: ineinander verdreht. Die Eltern laufen Gefahr, zu Kindern ihrer Kinder zu werden, die Kinder zu Eltern ihrer Eltern. Eltern flehen ihre Kinder an, Kinder trösten ihre Eltern. Eltern rechtfertigen sich vor ihren Kindern, Kinder geigen ihnen ihre Enttäuschung und Verachtung.

Das Elternpaar existiert – nunmehr vor allem – in der Erinnerung und in der Imagination der Kinder. Sie ziehen sich zurück und versuchen, ihre Lage zu sortieren. Sie wollen Mutter und Vater nicht mehr sehen und nicht mehr sprechen – und sehnen sich danach, sie zu sehen und zu sprechen. Ihre Enttäuschungswut flottiert in ihren inneren und in ihren realen Bewegungen – das eine Mal in die Richtung der Mutter, das andere Mal in die Richtung des Vaters, das dritte Mal gegen beide, das vierte Mal wird die Mutter gegen den Vater verteidigt, das fünfte Mal wird der Vater gegen die Mutter verteidigt; es geht hin und her. Die Kinder verstehen sich nicht mehr; ihre Fähigkeit, ihre innere und ihre äußere Welt zu unterscheiden, ist mehr oder weniger schwer beeinträchtigt; ihre Not zu kommunizieren, erscheint unmöglich; ihre Sprachlosigkeit artikulieren sie in ihren widersprüchlichen Handlungen. Die Eltern werden immer wieder überrascht und sind entsetzt und hilflos. Was können sie tun?

Die Aufgaben der Eltern

Sie können nur den Sturm der Erschütterung und des Aufruhrs ihrer Kinder aushalten – in der Hoffnung, dass sich ihre Kinder ausreichend (vorläufig) beruhigen, wenn sie geduldig und wohlwollend bleiben, redlich ihre Beziehungsverhältnisse erläutern,

---

33 Diesen Begriff hat Gerhard Amendt in der Überarbeitung seines Buches *Scheidungsväter* (2006) geprägt.

weder beschwichtigen noch mit Gegenvorwürfen reagieren, sodass sie darüber sprechen können, welche Pläne sie haben, was sie zu tun beabsichtigen und wie sie die Interessen ihrer Kinder im Blick zu halten versprechen. Wie lange der Sturm anhält, ob und wann er abnimmt, ob er wieder zunimmt, ob er sich in einer erträglichen Weise beruhigt, hängt von den erwachsenen Akteuren und Akteurinnen des Patchworksystems ab – ob es ihnen (nach und nach) gelingt, eine Wirklichkeit kooperierender, am Lebensinteresse der Kinder orientierter Patchworkfamilien zu etablieren.

Die Hauptaufgabe der Eltern ist kurz umrissen: Sie müssen ihren Kindern eine neue effektive familiäre Umwelt *umgehend* zur Verfügung stellen.

Wenn wir uns gut erinnern, können wir uns in die Verfassung der Kinder einfühlen. Sie kennen die Verfassung schwerer Enttäuschung über jemanden, den Sie sehr mochten und dem Sie vertrauten. Die Enttäuschung haute einen buchstäblich um. Man war von dem Ringen um das eigene Gleichgewicht erschöpft. Man hatte genug mit sich zu tun. Man konnte und wollte keine Auskunft geben. Besorgtes Nachfragen – vor allem der Eltern oder Geschwister oder Freunde – nervte. Am liebsten war man mit seiner Enttäuschungsrage und seinen Tränen der Einsamkeit und der Hilflosigkeit allein. Andererseits war es nicht schlecht, wenn jemand anwesend blieb, an den man sich bei Bedarf wenden konnte.

Beruhigung

Die Eltern verständigen sich darauf, ihren Kindern einen angemessenen Raum zur Beruhigung ihrer Not zu geben. So wie früher, wenn sich die Kinder nach einem Streit in ihr Zimmer oder woandershin zurückziehen konnten – mit der (mehr oder weniger) kräftig zugeworfenen Tür als kommunikative Geste ihres Aufruhrs und Entschlusses, allein sein zu wollen. In diesem Moment waren die Eltern gut beraten, den Rückzug ihrer Kinder zu tolerieren, ohne ihn zu kommentieren und ohne die Kinder aufzusuchen, um sich nach deren Verfassung zu erkundigen und sich in ihrer Sorge beruhigen zu lassen. Jetzt verabreden die Eltern, ihnen – wenn eben möglich – den *alten Lebensmittelpunkt* zu erhalten (die vertrauten Wohnverhältnisse mit den Möglichkeiten des sicheren Rückzugs, die vertrauten Beziehungsbewegungen außerhalb der Familie in Schule, Freundeskreisen, Bekanntschaften sowie die Fortsetzung der Pflege vertrauter Interessen).

Festlegung des Lebensmittelpunkts

Die Übereinkunft der Eltern, ihren Kindern den Lebensmittelpunkt zu erhalten, erfordert die Abstimmung und das Zugeständnis, welcher Elternteil am besten den Erhalt des Lebensmittelpunkts der Kinder garantieren könne. Wahrscheinlich wird damit die alte Arbeitsteilung der elterlichen Aufgaben (die alte, unterschiedliche Realität der Mutter-Kinder- und der Vater-Kinder-Beziehung) in etwa fortgesetzt – mit der Folge, dass ein Elternteil den Hauptteil der Versorgung und Betreuung übernimmt, während der andere Elternteil zurücktritt und sich zur Verfügung stellt oder bereitsteht. Damit müssen die Eltern sich auch auf eine ausreichende finanzielle Unterstützung verständigen, um die Arbeitsteilung der jetzt getrenntlebenden Elternteile zu ermöglichen – die verlässliche Zahlung des notwendigen Unterhalts darf kein Streitpunkt der Eltern werden. Eine unerfreuliche, spannungsvolle Auseinandersetzung der Eltern um den Unterhalt würde die Kinder irritieren, beunruhigen und strapazieren.

Wer mit wem?

Die Eltern verständigen sich auf den künftigen Wohnort der Kinder gemäß ihrer vereinbarten Absicht, deren Lebensmittelpunkt zu erhalten; die Kinder leben bei dem Elternteil, der ihn am besten realisieren kann. Die Eltern werden ihren Kindern den Wohnort *auswählen* und ihnen den Elternteil, mit dem sie ihren Lebensmittelpunkt gestalten, *vorschlagen*; sie werden ihre Kinder *nicht* bitten, zwischen den Elternteilen (und deren Patchworkfamilien) zu wählen. Jede Aufforderung zur Wahl bedeutet für die Kinder äußerst strapazierende, quälende Loyalitätskonflikte, denn die Kinder wissen: Entscheiden sie sich für den Vater, kränken sie die Mutter, entscheiden sie sich für die Mutter, kränken sie den Vater. Die Aufforderung zur Wahl bedeutet für die Kinder auch, dass die Eltern sich ihnen unterwerfen und sich nicht trauen, ihre Eltern zu sein. Sie machen sich von ihren Kindern abhängig und kommunizieren unausgesprochen ihre Bedürftigkeit. Es gelingt ihnen nicht, Eltern für ihre Kinder zu bleiben, sie zu schützen und zu beruhigen. Die Kinder müssen sich wegen der Bedürftigkeit ihrer Eltern sorgen.

Wann und wie oft?

In welchen Rhythmen und mit welchen Frequenzen die Kinder die Kontakte zu den Elternteilen halten können, müssen die Eltern gründlich besprechen. Die Besuchsregelung sollte sich an der Überlegung orientieren, von den Kindern keine hohen Anpassungsleistungen an neue Lebensverhältnisse zu verlangen.[34] Die Kinder sollten sich am Ort ihres Lebensmittelpunkts einrichten und dort ihren vertrauten Lebensbewegungen (von Interessen,

34 Katrin Hummel beschreibt in Ihrem Artikel »Die Kleinsten unter den Vielfliegern« Julians Flug mit der *Lufthansa* zum Vater nach München. Über die Häufigkeit seiner Flüge, um den Kontakt zum Vater zu halten, schreibt sie nichts. Vor dem Flug, so berichtet sie, erbrach sich Julian fünfmal. Einen *verdorbenen Magen*, vermutete die Mutter, *Aufregung, vermutet Hummel* (2016, S. 6). Julians Flug, offenbar eine Überforderung anspruchsvoller Eltern, ist hoffentlich eine Ausnahme zugemuteter Reiseanstrengungen im Pendelverkehr des Patchworksystems.

Freundschaften und Bekanntschaften) in gewohnter Weise mit ihren Mitteln (zu Fuß, mit dem öffentlichen Verkehr, mit dem Fahrrad) nachgehen können. Sie sollten ihr erschüttertes Gefühl für die Kontinuität ihrer Lebensbewegungen beruhigen können, aber nicht weiter irritiert werden. Das wäre der Fall, wenn die Kinder sich rasch (zum Beispiel nach drei, vier Tagen, nach jeder Woche oder nach 14 Tagen) auf die andere Lebensumwelt der getrennten Elternteile einstellen müssen – gewissermaßen auf die Wechselbäder eines Lebens mit den getrenntlebenden Elternteilen mit Koffern, Taschen oder Beuteln, in denen sie transportieren, was sie in der Patchworkfamilie des jeweiligen Elternteils vermissen, aber benötigen. Ein flexibler, vorsichtig dosierter (knapper) Besuch des anderen Elternteils ist fürs Erste zu empfehlen, dessen Rhythmen und Frequenzen Eltern und Kinder ausprobieren könnten, zum Beispiel zuerst ein wöchentlicher Besuch an einem Samstag, Rückkehr am selben Tag, später dann eine Übernachtung. Dosierte Besuche des anderen Elternteils sollten mit dem Versprechen verknüpft sein, dass der Zugang zum anderen Elternteil *immer* (prinzipiell) – soweit realisierbar – offen ist.

Das Problem des Fehlens

Die Besuche des anderen Elternteils haben einen zweiten Aspekt. Kinder haben, wenn sie mit dem einen Elternteil zusammen sind, mit dem Problem des Fehlens des anderen Elternteils zu tun. Kinder haben buchstäblich das Elternpaar vor Augen. Sind sie mit dem einen Elternteil zusammen, vermissen sie den anderen. Entsprechend imaginieren und ergänzen sie in ihren inneren Bewegungen den fehlenden Elternteil. So hat ihr Kontakt zu den Elternteilen einen träumerischen Zug – sie sind in Gedanken und abwesend. Andererseits sind sie hellwach und suchen die Mimik und Gestik ihrer Eltern auf deren (erwartete, vermutete) Bedürftigkeit ab, *wie der jeweilige Elternteil mit dem Fehlen von Vater oder Mutter zurechtkommt.* Die Sorge der Kinder um Vater oder Mutter vermischt sich mit ihrer Bereitschaft, sich deren Bedürftigkeit zu eigen zu machen und sich verantwortlich zu fühlen. So werden die Kinder bei dem Aufsuchen der Lebensverhältnisse von Vater und Mutter regelmäßig mit dem sie destabilisierenden Verlust des abwesenden Elternteils und mit den Erfahrungen angeschlagener Eltern, die kein Paar mehr sind, konfrontiert und überfordert. Sie kommen, je häufiger sie gepflegt werden, möglicherweise nicht zur Ruhe.

So sind die Elternteile und die Kinder im Umgang miteinander befangen, irritiert, gelähmt. Die gegenseitige Unsicherheit strapaziert die Beziehungen zueinander. Die Kinder sind mit dem Verlust und dem Wiedergewinn ihrer Lebenssicherheit enorm beschäftigt, aber auch mit der Verfassung ihrer Eltern, die sie seismografisch erspüren. Was beruhigt sie (fürs Erste)?

Kooperierende Eltern

Die Antwort ist schnell gegeben: *kooperierende Eltern,* die ihnen Zeit und Raum geben, sich zu beruhigen und zu erholen. *Coolness* der Eltern wäre Klasse. Leider scheinen deren existenzielle Not und affektiver Aufruhr sehr zu drängen, und zwar zur Herstellung einer neuen familiären Ordnung. Die Zeit zum Nachdenken erscheint knapp. Schnelle Entscheidungen sind selten tragfähige Entscheidungen. Sich Zeit nehmen ist klug. Es ist zu empfehlen, dass das alte Elternpaar sein Auseinandergehen – möglichst – nicht überstürzt. Zu empfehlen (zur Entschleunigung und zur Befriedung) ist zuerst eine gemeinsame Bilanz der Geschichte seiner Elternschaft. Hatte das Paar ein gemeinsames Konzept? Was war ihnen wichtig? Was wollten sie ihren Kindern vorleben? Was wollten sie ihnen ermöglichen? Welche Zukunft hatten sie für sie vor Augen?

Wahrscheinlich stimmten in der alten, jetzt aufzulösenden Familie die Elternteile ihre gemeinsamen und ihre einzelnen

Aktivitäten mit den Kindern miteinander ab. Sie verfolgten (ausgesprochen und unausgesprochen) das Konzept der elterlichen Ergänzung: als Mutter und Vater, als Frau und Mann. Entsprechend kooperierten sie als ausreichend gute Vorbilder für ihre Kinder. Möglich, dass sie manchmal darüber stritten, wie das Ausmaß des elterlichen Engagements bei den Aufgaben der Versorgung und Förderung einigermaßen fair verteilt werden kann. Aber das Konzept der kooperativen Ergänzung (der Elternteile) war nicht umstritten. Für die Mathematikhausaufgaben suchte die Tochter ihre Mutter auf, für die Deutschhausaufgaben den Vater; für das Radfahren war der Vater zuständig, für das Schwimmen die Mutter; zu ihrer Sexualität befragte die Tochter ihre Mutter, der Sohn seinen Vater. Das eine Mal trat die Mutter gewissermaßen vor, das andere Mal der Vater. Jetzt, im Kontext der Auseinandersetzungen um die Auflösung der alten Familie, steht das bislang verfolgte Konzept der elterlichen Ergänzung zur Debatte. Soll oder soll es nicht fortgesetzt werden?

Natürlich sollte es fortgesetzt werden. Allerdings: Wie können sich getrenntlebende Elternteile aus der Entfernung ergänzen? Indem sie sich dazu entscheiden, sich weiter wie ein sich ergänzendes Elternpaar regelmäßig (beispielsweise einmal die Woche) und bei Bedarf sofort auszutauschen und abzustimmen. Sie legen die Bereiche fest, über die sie sich austauschen und abstimmen – hier ein Vorschlag: über die Interessen der Kinder, ihre Beziehungen und ihre Beziehungspflege (Freundschaften, Ausgänge), ihre Lebensrhythmen und Lebensbewegungen, ihre Entwicklung (kognitiv, intellektuell, sexuell), ihre Verpflichtungen und Aufgaben (zu Hause und anderswo), ihr Engagement in der Schule und anderswo, ihr Umgang mit den Medien (Fernsehen, Print, Internet, Social Media: Instagram, Facebook, Twitter, YouTube, Tumblr), ihr Umgang mit den künstlerischen Produktionen (Literatur, Kino, Musik, bildende Künste, Malerei), ihr Umgang mit den häuslichen Ressourcen, ihre Komfort- und Konsumwünsche. Die Liste wirkt vielleicht lang, aber im

Alltag einer Elternschaft wird sie wie selbstverständlich abgearbeitet.

Haben die Eltern sich in ihrem gemeinsamen Interesse versichert, die Entwicklung ihrer Kinder zu verfolgen, zu fördern und zu unterstützen, sollte ihre Entscheidung, den Lebensmittelpunkt ihrer Kinder und die Organisation der Kontakte festzulegen, nicht mehr schwer sein. Es gilt: Den Lebensmittelpunkt der Kinder, von einem Elternteil (hauptsächlich) organisiert, von *beiden* garantiert, am vertrauten Ort zu erhalten; der Zugang zum anderen Elternteil ist offen – *wann immer* die Kinder oder der andere Elternteil, soweit es die Lebensalltage zulassen, den Kontakt wünschen. Der Lebensmittelpunkt (mit dem einen Elternteil) liegt damit fest, die Pflege des Kontakts (zum anderen Elternteil) wird flexibel, je nach den Kontaktwünschen der Kinder ermöglicht. Der Kontakt wird von beiden Elternteilen gewünscht und gefördert; er ist nicht umstritten oder reglementiert.

Vielleicht werden Sie diese Regelung für unklug halten und geregelte, festgelegte Kontakte zu den beiden Elternteilen favorisieren, damit die Kinder sich auf diesen Rahmen einstellen und beruhigen können, ohne ständige Diskussionen über das Hin und Her. Stark geregelte Kontakte widersprechen aber den Erfahrungen der Kinder. In der alten Familie waren die Zugänge zu Vater und Mutter (prinzipiell) immer offen; die Kinder wussten, wann sie ihre Eltern aufsuchen konnten und wann nicht. Die Kinder werden, davon kann man ausgehen, auch im Verkehr zwischen den Patchworkfamilien herausfinden, wann sie ihren abwesenden Elternteil aufsuchen sollten. Diese Erfahrung des Herausfindens sollte man den Kindern einräumen, damit sie Luft holen können in der Enge des Patchworks, sich nicht gedrängt fühlen müssen und von sich aus den Zugang zu den Eltern buchstäblich wiederfinden und damit ihre Beziehungen zu ihnen – als dem aufgelösten, nicht mehr existierenden Paar – modifizieren können.

Die Organisation des Kontakts

Die Auflösung einer Familie verändert das neu sich formierende Beziehungsgefüge. Können die Beziehungen erhalten werden? Gilt die Befürchtung der Alltagsformel: *aus den Augen, aus dem Sinn?* Nein. Sie gilt nicht für bedeutungsvolle Beziehungen – sie werden in der inneren Welt lebendig gehalten. Auch wenn man sich nicht sieht, bleibt man im Kontakt, weil eine bedeutungsvolle Beziehung im inneren Dialog lebendig gehalten wird. Leider werden die Bewegungen im inneren Dialog – Gedanken des Erinnerns, des Sehnens und des schlechten Gewissens, wenn ein Kontakt nicht mehr gepflegt wird – oftmals nicht kommuniziert, sodass der oder die Andere die Idee haben kann, die Beziehung sei bedeutungslos geworden. Leider ist es auch so, dass eine über längere Zeit nicht gepflegte Beziehung es zunehmend schwerer macht, sie wiederaufzunehmen, und zwar wegen des eigenen schlechten Gewissens der Vernachlässigung des Kontakts: das eigene Schuldgefühl lähmt. Das Schuldgefühl ist der Beleg dafür, dass nicht realisierte Beziehungen lebendig bleiben, auch ohne einen realen Kontakt. Erst recht bleiben familiäre Beziehungen innerlich lebendig, der realisierte Kontakt ist nicht der entscheidende Beleg, sondern die innere Beschäftigung mit einer nicht realisierten Beziehung.

Alle Familienmitglieder arbeiten ihre Beziehungen um; Enttäuschungen, Ernüchterungen, Ärger, Schuld, Kränkung werden gewissermaßen in die Beziehungen eingearbeitet, die damit eine andere Qualität bekommen: Eine gegenseitige, möglicherweise gereizte Befangenheit breitet sich im entstehenden neuen und anderen Beziehungsgefüge aus. Ein Familienmitglied wird nicht vergessen, eher wachsen die Scheu und die Scham, den Kontakt zu ihm zu erneuern.

Vielleicht glaubt der eine Elternteil, er müsse seine Kinder täglich sehen und die Kinder ihn andersherum auch. Er unterschätzt, dass Kind-Eltern-Beziehungen auf tiefen, früh entstandenen, strukturell verfugten Bindungen beruhen. Abwesenheit kann gerade Impulse der Erinnerung, der Imagination und der Verlebendigung initiieren. Wer abwesend ist, kann durch die evokativen Bewegungen (Erinnerung, Imagination und Verlebendigung) seiner Kinder in deren inneren Welten sehr anwesend sein, wenn er vermisst oder ersehnt wird. Der abwesende Elternteil – davon kann man ausgehen – ist in der inneren Welt seiner Kinder *sehr* anwesend; sie bleiben mit ihrem Verlust beschäftigt und verlieren ihn, wie man sagt, nicht aus den Augen. Eher eröffnet die Abwesenheit des Elternteils einen Raum des fantasierenden Nachdenkens und der beruhigenden Selbstregulation – der abwesende Elternteil ist dann in der inneren Welt des Kindes ganz nah.

Wie können die Eltern ihre Kontakte organisieren und dosieren? Die Haltung, sich bereitzuhalten und sich nicht aufzudrängen, ist zu empfehlen. Bei Krankenhausbesuchen sind wir vorsichtig. Wir erkundigen uns, wann der oder die gerade operierte Angehörige, Verwandte, Freund oder Freundin, Kollege oder Kollegin besucht werden kann. Kinder, deren Eltern ihre Beziehung auflösen, müssen sich erholen und beruhigen. Eltern sollten, wenn sie über die Rhythmen und Frequenzen der Besuche ihrer Kinder nachdenken, sich ihre Kontaktwünsche gründlich überlegen. Sind die Kontaktwünsche in ihrem oder im Interesse der Kinder? Aus Schuld (schlechtem Gewissen) oder aus Sorge ihnen gegenüber? Die Eltern könnten versuchen, mit ihren Kindern darüber zu sprechen, *wie viel Wechsel der Lebensverhältnisse sie glauben vertragen zu können.* Die Eltern könnten sich auch austauschen über ihre eigenen Erfahrungen bei den Besuchen ihrer Kinder. Was gefiel den Kindern? Was war ihnen beschwerlich? Wo haben die Kinder sich eher erholt? Wo (mit wem) scheint ihr Leben beweglicher zu sein? Wo (mit wem) leben sie eher auf?

Natürlich machen und erleben die Kinder in den Beziehungen zu ihrer Mutter und ihrem Vater Unterschiede. Sie sollten nicht gedrängt werden, sie auszusprechen, indem sie danach gefragt werden. Unterschiede auszusprechen, würde für die Kinder bedeuten, Loyalitätskonflikte auszuhalten. Unterschiede entstehen, das ist ein natürlicher Prozess, im Verlauf der Entwicklung wechselnder Zentrierungen der Beziehungen zu Vater und Mutter, die sich in ihren inneren Welten nach dem Gestaltprinzip von Vordergrund und Hintergrund organisieren: Das eine Mal ist die Mutter besonders bedeutsam, das andere Mal der Vater. Ihre Bedeutsamkeit verändert sich im Entwicklungsprozess, entsprechend verändern sich die Kontaktwünsche der Kinder. Sie bleiben nicht konstant. Sie unterliegen der Evolution der sich im Patchworksystem organisierenden anderen Beziehungen. Eine von den Eltern behauptete, unflexible Besuchsregelung würde den Wünschen der Kinder nicht entgegenkommen. Die Kinder benötigen Zeit, sich in den Beziehungen zu ihren Eltern zu beruhigen, um ihren Zugang zu den getrenntlebenden Elternteilen zu gewinnen und sich zu trauen, sie aufzusuchen. Sie benötigen Zeit, andere (veränderte) Beziehungsformen zu ihnen einzuregulieren. *Das innere Bild des Elternpaares franst aus.* Das Bild des getrenntlebenden Elternpaares entsteht in ihnen. Die Bilder der neuen Paare (Elternteile und ihre Partner) entstehen in ihnen. Enorm schwierige, unaussprechbare Integrationsaufgaben liegen vor ihnen.

Aufenthalts- und Verkehrsformen im Patchworksystem

Die Eltern sind gut beraten, Geduld für diese sublimen Entwicklungsprozesse ihrer Kinder aufzubringen; sie lassen sich nicht schnell (wenn überhaupt) zu einem Happy End umbiegen. Die Eltern haben ihren Kindern die Erfahrung der familiären Katastrophe zugemutet. Die Kinder benötigen wohlwollende, (im Großen und Ganzen) *coole* (oder zumindest sich *cool* verhaltende) Eltern, die ihnen einen sie schützenden wie stabilisierenden Lebensrahmen zur Verfügung stellen. Sie brauchen Zeit, sich einzurichten und sich (einigermaßen) wieder wohl zu fühlen – wobei im Patchworksystem viele Umstellungen und Anpassungen auf sie zukommen: nicht nur die Ernüchterung, Relativierung und Re-Balancierung ihrer inneren Bilder von Mutter und Vater, nicht nur ihr (aufgezwungenes) Arrangement mit dem Verlust des abwesenden Elternteils, sondern auch ihr (aufgezwungenes) Arrangement mit dem (sehr) anwesenden, fremden Partner oder der (sehr) anwesenden, fremden Partnerin von Mutter oder Vater in den sich organisierenden Patchworkfamilien und ihr (ebenfalls aufgezwungenes) Arrangement mit (im einfachsten Fall) den zwei sich organisierenden, verschiedenen Kulturen der beiden Patchworkfamilien.

Rhythmus und Frequenz der Kontakte sowie des Verkehrs zwischen den Patchworkfamilien müssen zu den Lebenswirklichkeiten und Lebenswünschen der Mitglieder passen. Mutter und Vater in ihren jeweiligen Patchworkfamilien (zwei getrennte Haushalte) müssen sich abstimmen. Je dichter (häufiger) der Verkehr ist, desto größer der Trubel. Der Bedarf an Organisation wächst, die Zahl der Telefonate nimmt zu, der Unmut und der Widerwille steigen. Einpacken und Auspacken und Einpacken. Die Kinder müssen sich sputen; die Elternteile warten wie bei einer Staffel auf die Übergabe der Kinder. Die *Coolness* verflüchtigt sich. Es ist eng. Wir kennen das von Urlauben: Etwas fehlt immer, etwas bleibt immer unerledigt liegen. Urlaube sind (glücklicher- oder unglücklicherweise) kurz und begrenzt; aber jetzt beginnt der Marathon des Patchworks. Er nimmt, muss den Beteiligten gesagt werden, so schnell kein Ende; es ist unklar, wie lange er dauert.

Je dichter der Verkehr, desto häufiger begegnen sich die getrenntlebenden Elternteile. Jede Begegnung – je nach der Qualität des Prozesses, wie das Elternpaar auseinandergegangen ist – bedeutet die Anstrengung einer milden bis ziemlich konfliktreichen Strapaze. Die Entscheidung des Elternpaares oder eines Elternteils, seine Beziehung aufzulösen, wird getestet. Wie sicher ist sich jeder Elternteil seiner Entscheidung? Welche Gefühle kommen auf? Erleichterung, Schuld, Bedauern, Kränkung, Enttäuschung, Groll, Rage, Empörung über die Ungerechtigkeit? Wenn nur ein Elternteil die Auflösung des Paares initiiert hat, muss er sie gegenüber dem anderen Elternteil *jetzt erneut* behaupten und durchsetzen. Sind beide mit der Auflösung einverstanden, sind sie jetzt auch damit beschäftigt, was sie verband und verbindet. Auseinanderzugehen ist ein Prozess ständiger gegenseitiger wie individueller Selbstvergewisserung. Jetzt müssen beide *wieder* (und künftig erneut) gegenseitig ihre Entscheidung behaupten und durchsetzen und sich in ihrer Entscheidung erneut festigen. Mit anderen Worten: Die Wiederbegegnungen sind für die Elternteile viel Arbeit. Die auseinandergegangenen Eltern, registrieren ihre Kinder, verhalten sich mit einem Mal zueinander ganz anders. Kinder haben riesige Antennen. Es ist klug, deren Größe nicht zu unterschätzen. Sie nehmen die Befangenheit ihrer Eltern zueinander auf (was die Eltern bei sich nicht wahrnehmen können): deren andere Mimik, deren andere (gepresste oder gereizte) Tonlagen, deren andere Gesten, deren gebundene oder überdrehte Motorik. Die Kinder rätseln: Was ist mit den Eltern?

Das Problem des Getrenntseins und -bleibens

Ja, was ist mit den Eltern? Die Eltern sind vom Problem absorbiert, getrennt zu sein und getrennt zu bleiben. Die Kooperation hängt ab von der Sicherheit und der Fähigkeit der Eltern, voneinander getrennt sein und getrennt bleiben zu können; können sie es nicht, verbleiben sie in der Unsicherheit des Schwankens zwischen den Impulsen, sich zu trennen und sich nicht zu trennen. Die Kinder beobachten das Ausmaß und die Qualität der Kooperation ihrer Eltern. Das tun sie natürlich im Kontext ihres existenziellen Interesses nach Beruhigung, Stabilisierung und Orientierung. Sie fühlen sich, kann man sich vorstellen, schrecklich allein gelassen. Irgendwie müssen sie ihr Sicherheitsgefühl wiederfinden.[35] Solange die Eltern sich ver-

35 »Ich musste mein eigener Elternteil werden« [»I had to become my own parent«], sagte einer der befragten Männer in der Studie von Judith Wallerstein, Julia Lewis und Susan Blakeslee (Marquardt, 2005, S. XII [Vorwort]).

ständigen können, geht es. Solange die Eltern vermeiden, über den abwesenden Elternteil zu klagen, sich zu beschweren, ihn zu entwerten, geht es. Solange der abwesende Elternteil in der inneren Welt der Kinder als gutes Bild erhalten bleiben kann, geht es. Die guten inneren Bilder sind wichtig für das psychische Überleben der Kinder. Deshalb ist es notwendig, dass die Kinder sehen und erfahren können, dass die Eltern nicht (sehr) miteinander im Konflikt liegen und ihre Interessen im Blick halten.

Besuchsregelung und Unterhalt

Zwei Kontexte sind typische Konfliktbereiche: die Besuchsregelung und der Unterhalt. Über beide Kontexte sollten sich die getrenntlebenden Eltern verständigen können. Sicherlich gibt es Lebenswirklichkeiten oder Lebensverhältnisse, die eine Verständigung kompliziert machen. Aber es ist schwer zu sehen, dass sie nicht möglich sein sollte. Gelingt sie nicht, sollten die Eltern sich fragen, ob beide Kontexte als Ausweichterrain dienen, auf dem die Auseinandersetzung um den Prozess der Auflösung der elterlichen Beziehung unausgesprochen und verlagert ausgetragen wird. Die konfliktreiche oder gar verweigerte Kooperation ist als der Versuch zu verstehen, die Not und den Schmerz der Auflösung rückgängig zu machen, zu kompensieren, zu vergelten und an der alten Bindung festzuhalten. Die Folge ist ein unerfreulicher, maligner Clinch der Elternteile. Für die Kinder ist er die Fortsetzung ihrer existenziellen Katastrophe, für die Elternteile ist er der unterschiedliche oder gemeinsame Kampf um die kaum erträgliche oder unerträgliche Wirklichkeit des Getrenntseins und um die Anstrengung der ständigen Selbstversicherung des Getrenntbleibens.[36]

36 Diese Anregung bekam ich von Ralf Zwiebel aus Kassel.

Die Notoperation staatlicher (gerichtlicher) Intervention

Ehe und Familie, bestimmt unser *Grundgesetz* im Artikel 6, »stehen unter dem besonderen Schutze der staatlichen Ordnung«. Die staatliche Gemeinschaft erwartet von den Eltern, dass sie als Eltern kooperieren im Interesse der Versorgung und Förderung ihrer Kinder[37]; nur im Fall der deutlichen Verletzung der *elterlichen Sorge*, so die Formel des Gesetzes, greifen staatliche Institutionen im Rahmen des *Familienrechts* ein. Teil des Familienrechts ist das sogenannte *Umgangsrecht*. Es versucht, das gescheiterte Aushandeln der Eltern hinsichtlich ihrer Kontakte zu ihren Kindern mit einer gerichtlich festgelegten Regelung zu ordnen. Damit erhält die konfliktreiche, ungenügende Kooperation der Eltern die Form einer gerichtlichen Auseinandersetzung, in der *für* die Eltern entschieden wird mit der Folge, dass deren dysfunktionale elterliche Beziehung ungeklärt bleibt und weiterbesteht. Deshalb ist die gerichtliche Intervention – häufig – eine instabile Lösung; sie glättet den Konflikt, indem sie ihn vertagt, aber sie befriedet ihn nicht. Der affektiv stark unterfütterte Kontext des Kampfes um Getrenntsein und -bleiben (mit den Gefühlen von Kränkung, Enttäuschung, Groll, Rage, Empörung) bleibt virulent. Der Elternteil, der mit der gerichtlichen Regelung nicht einverstanden ist, wartet darauf, sie unterlaufen zu können, zum Beispiel bei den notwendigen Absprachen bei Familienfesten oder Urlauben. Es ist sehr die Frage, ob die gerichtliche Kontaktregelung der Eltern zu ihren Kindern die Wirksamkeit der dysfunktionalen elterlichen Beziehung auf die Kinder einschränkt.

Die gerichtliche Intervention ist zugleich aber auch die Fortsetzung der familiären Katastrophe, dass die Eltern sich nicht im Interesse ihrer Kinder verständigen können; die Kinder fühlen sich von ihnen ausgestoßen – allein gelassen. Das Gerichtsver-

---

37 Das Bundesverfassungsgericht spricht von *Elternverantwortung*, so Peter-Christian Kunkel in einem Leserbrief an die *FAZ* (2018, S. 6).

fahren exponiert sie – gegen ihren Willen – und zwingt sie, (direkt oder indirekt) Stellung zu beziehen und dabei (vielleicht) ihre Bindungen und Loyalitäten verraten zu müssen, in einem Streit ihrer Eltern, bei dem sie sich lieber verstecken und aus dem sie am liebsten verschwinden möchten. Ob es für die Zukunft der familiären Beziehungen des Patchworksystems klug ist, den Klärungsprozess einer sehr konfliktuösen Auseinandersetzung eines Elternpaares in den Gerichtssaal zu verlagern – so sehr sie nahezuliegen scheint und allgemeines Recht ist –, ist sehr fraglich. Er ist die Notlösung aus Verlegenheit. Er ist nicht im Interesse der Kinder. Er erreicht – muss man vermuten – wahrscheinlich nicht die innere Wirklichkeit der elterlichen Beziehung.[38]

Die Praxis der Modelle von *Residenz* und *Doppelresidenz*

Über die Frage, wo und wie die Kinder leben sollen, sollten sich die getrenntlebenden Eltern einigen können. Der hier favorisierte Vorschlag orientiert sich an der Idee des vertrauten Lebensmittelpunktes der Kinder, den derjenige Elternteil gestaltet, der ihn am ehesten garantieren kann. Damit tritt der eine Elternteil gewissermaßen vor und der andere Elternteil zurück, womit (hoffentlich) in etwa die vertraute Arbeitsteilung des alten Ehepaares fortgesetzt wird. Der Zugang zum abwesenden Elternteil ist – wie es in der alten Familie die Regel war – prinzipiell offen; die Kinder können ihrem Impuls folgen, den abwesenden Elternteil aufzusuchen. Ob und wie für die Kinder, die den abwesenden Elternteil besuchen, Regeln vereinbart werden, sollte offen und der sich entwickelnden Besuchspraxis überlassen bleiben; beide Elternteile verständigen

---

38 Diese Vermutung müsste gründlich untersucht werden: Ob und inwieweit die Gerichtsverfahren zum Umgangsrecht zur Befriedung der elterlichen Konflikte und damit zum Wohl des Kindes beitragen.

sich darüber regelmäßig und sind in ihren Absprachen beweglich.

Inzwischen kursieren in der Praxis der gerichtlichen Auseinandersetzungen zur Regelung des Umgangsrechts für die beiden Elternteile zwei *Modelle*, wie es heißt: das *Residenzmodell* und das *Modell der Doppelresidenz*. Das Substantiv Residenz ist angelsächsischer Wort-Import.[39] *Residence* lässt seine aristokratische Herkunft anklingen, entspricht aber unserer (damit verglichen) nüchternen Vokabel *Wohnsitz* – wobei wir, je nach Wohnsitz, natürlich auch residieren können. Chefpositionen werden manchmal an die sogenannte Residenzpflicht gebunden (der Chef oder die Chefin einer Regierung oder einer großen Organisation). *Residenzmodell* besagt hier: Die Kinder wohnen in der einen Patchworkfamilie (in dem einen Haushalt), an dem Ort, an dem sie möglicherweise gemeldet sind, und besuchen die andere Patchworkfamilie (mehr oder weniger) regelmäßig (je nach Absprache).

In den gerichtlichen Verhandlungen zum *Umgangsrecht* wird inzwischen ein zweiter Begriff zur Lebenswirklichkeit des Patchworksystems propagiert: das *Modell der Doppelresidenz* oder im verkürzten, saloppen Sprachgebrauch das *Wechselmodell*. Das *Modell der Doppelresidenz* besagt, dass die Kinder jeweils in etwa in einem gleichen Rhythmus und in einer gleichen Frequenz das eine Mal in der mütterlichen, das andere Mal in der väterlichen Patchworkfamilie leben – also beispielsweise: die eine Woche bei der Mutter, die andere beim Vater oder 14 Tage bei der Mutter, 14 Tage beim Vater.

Dem *Modell der Doppelresidenz* sieht man seine in Gerichtsverfahren erprobte Bewährung an. Es ist eine Fifty-fifty-Lösung

---

39 Christy M. Buchanan und Kollegen/Kolleginnen nutzen die Begriffe *dual residence* und *residential homes*. Ihr Konzept der *dual residence* besagt, dass der Zugang zu beiden Elternteilen offen sein muss, wann immer die Kinder ihn wünschen; ihr Konzept besagt nicht, dass *dual residence* in gleichem Maße realisiert werden soll (Buchanan et al., 1996, S. 63ff.).

mit dem Vorteil, dass das strapaziöse Aushandeln der Umgangsregelungen abgekürzt wird. Es repräsentiert eine Art Umgangsgerechtigkeit: gleicher Kontaktumfang für beide Elternteile. Kein Elternteil wird bevorzugt oder benachteiligt: *Leben in Halbzeiten.* Der gesetzliche Auftrag der *gemeinsamen Sorge* – seit 1998 als der Regelfall für beide Elternteile festgeschrieben – wird mit dem Konzept des *doppelten Wohnsitzes,* könnte man sagen, penibel erfüllt. Ob damit dem Wohl des Kindes – seiner Lebenswirklichkeit und seinen Lebensbedürfnissen – entsprochen wird, ist fraglich. Numerisch ausgewogene, vermeintlich gerechte Lösungen, das kennen Eltern, haben, weil sie manchmal die Beziehungswirklichkeit der Kinder verfehlen, unvorhergesehene Folgekosten. Das Pendeln, das bringt die Verkehrspraxis schnell zutage, zwischen den beiden Wohnsitzen ist aufwendig, voraussetzungsvoll, unruhig und verwirrend.

1. Die regelmäßigen Transporte und Übergaben müssen organisiert werden und stellen die Elternteile, je nach beruflichen oder anderen Verpflichtungen, hier und da vor schwierige Aufgaben. Die Kinder müssen sich mit ihren Lebenswirklichkeiten und Verpflichtungen den Plänen der Eltern anpassen.
2. Das Konzept des (bundesdeutschen) *doppelten Wohnsitzes* setzt (in etwa) eine Gleichheit der Lebensverhältnisse voraus, dass in den beiden Patchworkfamilien für die Kinder gleichwertige Rückzugsräume und Interessenspflege existieren; die Schlafmöglichkeiten, die Spiel- und Arbeitsmöglichkeiten sind gleich groß, gleich gut und gleich beliebt. Diese Möglichkeiten einzurichten, dürfte den wenigsten getrenntlebenden Elternteilen gelingen. Davon abgesehen ist beispielsweise das geliebte Bett mit seinem vertrauten Bettzeug und den vertrauten Gerüchen *nicht* zu ersetzen. Die Elternteile verlangen eine enorme Anpassungsleistung von ihren Kindern, ihre vertrauten Lebensverhältnisse mit unvertrauten Lebensverhältnissen zu integrieren: sich einzustellen und sich einzurichten in das (irritierende, de-

stabilisierende) Wechselbad von regelmäßig angeordneter Fremdheit.

3. *Doppelter Wohnsitz* bedeutet: ständige Umstellung und Einpassung in die beiden verschiedenen Kulturen der Patchworkfamilien. Binden sich beide Elternteile erneut, haben die Kinder mit zwei neuen Paaren und zwei neuen Beziehungskonstellationen zu tun, in denen die Elternteile ihr vertrautes Gesicht *verlieren:* Sie werden anders – fremd. Fremd sind auch die neuen familiären Kulturen. Die alte familiäre Kultur ist verschwunden, sie wird nicht mehr vom (jetzt) getrenntlebenden Elternpaar repräsentiert. Wurden früher die Differenzen von Mutter und Vater in der Beziehung des Paares (in etwa) balanciert, gleichen die neuen Patchworkpaare ihre Unterschiede anders aus. Doppelter Wohnsitz bedeutet dann: die Kinder fühlen sich *nirgendwo mehr zu Hause.*[40] Wenn man die innere Welt der Kinder berücksichtigt, trifft das Argument, dass das Modell des *doppelten Wohnsitzes* die Kontakte zu den Eltern vertieft, nicht zu: Jetzt, in der Patchworkfamilie, versperrt der Partner oder die Partnerin den Zugang zu den Elternteilen. *Er oder sie steht ihnen – in der Wahrnehmung der Kinder – im Weg.* Die Konflikte, muss man vermuten, nehmen nicht ab. Darüber genau zu sprechen, dürfte den Kindern aufgrund der Nichtbewusstheit ihrer Wahrnehmung nicht möglich sein oder, sollte sie ihnen bewusst sein, aufgrund ihrer Loyalität und Bindung enorm schwerfallen. Sie darauf anzusprechen, wäre eine Invasion in die innere Welt der Kinder – sie ist nicht zu empfehlen.
4. *Doppelter Wohnsitz* verlangt auch eine für die Lebensbewegungen der Kinder (Schule, Freundschaften, Interessen) bequem überbrückbare Entfernung der beiden Patchworkfamilien voneinander.

40 Elizabeth Marquardt hat diese Erfahrung zum Thema ihres Buches *Between Two Worlds. The Inner Lives of Children of Dicvorce* (2005) gemacht.

5. Das Modell des *doppelten Wohnsitzes* hat seine praktischen Holperigkeiten. Nehmen wir zwei typische Beispiele. Die Kinder verbringen ihre Woche in der mütterlichen Patchworkfamilie. Am Dienstag werden die *Champions League* auf dem Kanal *Sky* übertragen. Empfangen kann sie der Vater mit seinem Gerät auf dem Riesenbildschirm. Die Jungen möchten gern mit ihren Freunden zum Vater in dessen Patchworkfamilie. Was tun? Natürlich telefoniert die Mutter mit dem Vater. Natürlich ermöglicht der Vater, obgleich er den Abend anders verplant hatte, seinen Söhnen das Vergnügen der Fußballübertragung. Seine Söhne können auch bei ihm übernachten; deren Freunde bringt er nach Hause. Die Umgangsgerechtigkeit wird unterlaufen. Schlimm? Nein, sondern die sehr verständliche, sehr bewegliche, vernünftige Lösung im Patchworksystem. Das andere Beispiel: Der Lego-Feuerwehrturm ist fast fertig. Da ertönt das patchworktypische Aufbruchskommando: *Macht euch fertig! Wir müssen los – Vater wartet!* Was nun? Dürfen die Kinder weiterspielen? Nein. Der Staffellauf steht auf dem Programm; der Wechselläufer kann nicht warten; die Zeit ist knapp. Zeitknappheit ist aus der Perspektive des spielenden Kindes schwer verständlich. Die Invasion in sein Spiel ist schrecklich. Was folgt? Maulen der Kinder, genervtes bis ärgerliches Aufseufzen des Elternteils über das Leben im doppelten Residenzmodell, das eine Art familiärer Aufgeregtheit forciert.
6. Das Leben im doppelten Residenzmodell ist verwirrend. Es findet nicht nur ein Verkehr der Kinder, sondern auch eine Art Verkehr der Dinge zwischen den beiden Patchworkfamilien statt: Die CDs des Vaters tauchen in der mütterlichen Patchworkfamilie auf, Küchenutensilien der Mutter in der väterlichen Patchworkfamilie. Die Kinder bedienen sich, könnte man sagen, in beiden Familien und tragen zusammen, was sie hier und dort benötigen. So wird aus zwei Familien eine Großfamilie – die Annäherung einer Repa-

ratur der alten, aufgelösten Familie: Das Patchworksystem verliert seine Grenzen, das Problem des Getrenntseins und des Getrenntbleibens wird vertagt und irritiert das Gefühl von Wirklichkeit, sodass die Kinder sich zu fragen beginnen: sind die Eltern nun getrennt oder sind sie es nicht?

Resümee

Die in ihren Patchworkfamilien getrenntlebenden Elternteile sind gut beraten, wenn sie sich auf ihre Kinder einstellen und für die Realisierung ihrer Lebens- und Bewegungswünsche beweglich (verhandlungsbereit) bleiben. Dann kann die Lebenswirklichkeit getrennter und gleichzeitig im Interesse der Kinder aufeinander bezogener Patchworkfamilien am ehesten entstehen. Beide Modelle des Wohnsitzes der Kinder leben von der Fähigkeit der Elternteile, Absprachen auszuhandeln und einen von den Kindern gewünschten, aber die Getrenntheit der Patchworkfamilien markierenden, familiären Verkehr zuzulassen. Kontaktgerechtigkeit funktioniert nicht automatisch. Ohne Abstimmungen der Eltern geht es nicht. Entscheidend sind für die Kinder die Qualität und das Engagement der Kontakte, die die Eltern aufbringen. Entscheidend ist deren Bereitschaft, sich für ihre Kinder zu verständigen. Pflichtübungen unbeweglich geregelter Besuche belasten die Kinder. Entscheidend für die Kinder ist ihre Erfahrung, dass ihre Eltern ihre Eltern bleiben und sich nicht aufreiben im unerfreulichen Kampf um die Punkte im verbissenen elterlichen Wettbewerb der Entschädigung für die Auflösung ihrer Beziehung.

Das Modell des *doppelten Wohnsitzes* hat auch einen anderen (saloppen) Namen: *Wechselmodell.* Wir kennen den *Wetterwechsel,* den *Stoffwechsel,* den *Regierungswechsel,* den *Ölwechsel,* den *Tapetenwechsel,* den *Staffelwechsel,* den *Spielerwechsel* und den *Trainerwechsel.* Was wird beim Wechselmodell gewechselt? Die für die Kinder lebensnotwendige haltende und fördernde

Umwelt, die das Elternpaar für die Entwicklung seiner Kinder garantiert und die die Kinder nach und nach von den gelebten Lebensmustern und Beziehungsmustern ihrer elterlichen Vorbilder übernehmen: als ihre *eigene* Fähigkeit, ihr Leben lebensfähig zu gestalten. Die familiäre Umwelt und die elterlichen Vorbilder sind einzigartig. Die elterliche Umwelt ist ein Beziehungsprodukt – nicht sichtbar, nicht greifbar: eine interaktive Wirklichkeit, die sich in der inneren Wirklichkeit der Kinder fortsetzt. Man kann die elterliche Umwelt nicht wechseln – so wie man seine Eltern nicht wechseln kann. So gesehen, unterschätzt die Vokabel vom *Wechselmodell* die Einzigartigkeit menschlicher Systeme und arbeitet mit dem Prinzip der Austauschbarkeit an der Reduktion des Menschlichen.

Das Patchworkpaar präsentiert sich

Gehen wir von einer typischen Patchworkkonstellation aus. Der Elternteil (Mutter oder Vater) und der kinderlose Partner oder die kinderlose Partnerin haben sich entschlossen, als Ehepartner oder als Lebenspartner mit den Kindern zusammenzuleben. Wie sie die Wirklichkeit ihrer Beziehung einrichten und wie sie leben wollen, müssen sie noch besprechen und aushandeln – ob als Paar an einem Ort oder an zwei Orten in einem regelmäßigen oder unregelmäßigen Rhythmus von Gemeinsamkeit oder Abwesenheit: Die Lebensmöglichkeiten sind vielfältig. Das Patchworkpaar sollte dabei das Interesse der Kinder an einer verlässlichen Lebensumwelt im Blick behalten; unruhige Lebensverhältnisse haben Konflikte, Spannungen und Turbulenzen sowie (möglicherweise) Entwicklungsverzögerungen unterschiedlichen Ausmaßes der Kinder zur Folge.

Gehen wir davon aus, dass der Elternteil und der Partner oder die Partnerin sich darauf verständigt haben, den Alltag mit den Kindern zusammen zu leben. Sie haben sich vorgenommen, sich Zeit zu lassen, um sich auf das neue familiäre Gefüge einzustellen und sich in den verzweigten (familiären, freundschaftlichen, kollegialen) Beziehungen bekannt zu machen. Die Kinder sind mit dem Plan ihres einen Elternteils vertraut gemacht worden, sie wurden von ihm gefragt und hatten sich einverstanden erklärt, den Partner oder die Partnerin haben sie inzwischen kennengelernt. Die Begegnungen (eine ist zu wenig) mit dem Partner oder der Partnerin waren, wie Kinder das heute zu sagen pflegen, okay – ganz cool. Ob es cool bleibt, muss man sehen. Auf die Anreden hat man sich verständigt; die Kinder sprechen den Partner oder die Partnerin des Elternteils mit dem Vornamen an und reservieren den *Vater* oder die *Mutter* (und die zu ihnen gehörenden Koseworte) für ihre leiblichen Eltern.

Der an einem anderen Ort getrenntlebende Elternteil wurde informiert, möglicherweise hat er die Partnerin oder den Partner kennengelernt. Zu empfehlen ist die gegenseitig siezende Sprachform. So kann man die Beziehung hinsichtlich der Nähe und Vertrautheit offenlassen. Forcierte Freund(schaft)lichkeit bindet und verpflichtet: zu einer Art beschwichtigender Umarmung. Die beiden Eltern des Patchworkpaares wurden informiert, das Paar hat sich ihnen bekannt gemacht. Die Eltern des getrenntlebenden Elternteils, die weiterhin die Großeltern der Kinder sind, wurden informiert, möglicherweise hat das Paar sich ihnen bekannt gemacht. Die Verwandtschaft wurde informiert, das Paar machte sich ihr bekannt. Die Geschwister des Paares haben sich kennengelernt. Die Freundes-, Bekannten- und Kollegenkreise des Paares und des getrenntlebenden Elternteiles wurden einbezogen, die Freunde der Kinder (und die Eltern der Freunde) wurden berücksichtigt. Die Patchworkfamilie nimmt ihren Alltag auf.

Die Patchworkfamilie richtet sich ein

Raumprobleme

Sind Sie schon einmal mit befreundeten Familien in den Urlaub gefahren? Gemeinsam hatten Sie ein Ferienhaus gemietet. Sie erinnern sich noch an die Situation, als Sie das Haus bezogen? Die erste delikate Prozedur war die Verteilung der Zimmer. Selten sind sie gleich. Es gibt Unterschiede des Komforts, der Größe und des Ausblicks. Eine Haltung des Abwartens auf das Aushandeln der Verteilung ist zu empfehlen. Wer sich zurückhält und sich nicht an die Spitze der Schlange drängelt, hat die besseren Karten: Er oder sie kämpft und rivalisiert nicht, sondern macht das Angebot, sich über die Wahlen austauschen zu können; er oder sie versteift sich nicht auf ein bestimmtes Zimmer. Das Fundament für einen gelassenen, kränkungsarmen Umgang ist gelegt. Wahrscheinlich wird diese Form von Großzügigkeit honoriert mit einem Entgegenkommen bei einer anderen Gelegenheit. Schließlich haben wir ein gutes Gespür für Fairness: Wer gibt, erhält im Allgemeinen etwas zurück.

Sind die Zimmer zur Zufriedenheit vergeben – anderenfalls wird der Umgang in den Ferien möglicherweise holperig –, ist die faire Verpflichtung auf die übrigen Aufgaben (Einkäufe, den Tisch eindecken und das Geschirr abräumen, den Müll wegbringen, gelegentliches Durchsaugen) ein Kinderspiel. Die Verständigung über die Organisation des Tagesbeginns findet sich dann schnell (Aufstehen, Badbenutzung und Frühstücken). Manche Paare verständigen sich genau, manche nicht – es geht natürlich immer auch um die Durchsetzung oder zumindest um die Anerkennung der eigenen Kultur und Ordnung. Die Vorsicht, keinen Machtkampf zu entfalten, ist zu empfehlen – schließlich möchte man es eine Weile miteinander aushalten. Andererseits, so ganz kann man sich nicht zurücknehmen, möchte man sich wohl fühlen und in einer einigermaßen vertrauten Umgebung leben, wo, wie es so schön heißt, der Kamm nicht auf der Butter liegt.

Sind Sie schon einmal mit einem befreundeten Paar in einen gemeinsamen Campingurlaub gefahren? In einem Fahrzeug mit einem Wohnwagenanhänger? Da treffen auf wenigen Quadratmetern zwei Lebenskulturen zusammen. Das eine Paar ist in dem rollenden Zuhause zu Hause, das andere nicht. Der Platz zur Entfaltung der eigenen Kultur – wo die Dinge in etwa ihren Platz bekommen können – ist (meistens) knapp; er ist deshalb auch kaum zu verhandeln; er hängt von der Großzügigkeit des gastgebenden Paares ab. Also muss das befreundete Paar sich mit dem Platz, der ihm zugestanden wird, arrangieren. Natürlich wurde das vor dem Urlaub besprochen, die Zahl der Gepäckstücke und der Umfang der Ausrüstungen festgelegt, aber wie so oft reicht auch hier die Vorstellungskraft nicht aus, um die (spätere) Lebenswirklichkeit eines Urlaubs in engen Räumlichkeiten zu imaginieren. Die beiden Freundespaare, kann man ihnen nur wünschen, sind hoffentlich gut befreundet – so gut, dass sie sich über ihre (möglichen) Platzprobleme zu sprechen trauen.

In der Patchworkfamilie ist es ähnlich und anders. Die Wahl des Ortes war (wahrscheinlich) keine einfache Wahl. Wo zieht die Patchworkfamilie ein? Folgt sie der Wirklichkeit der Kinder (keine große Entfernung zwischen den Elternteilen, kein Wechsel der Schule, kein Verlust der Freundschaften) oder der Wirklichkeit des Elternteils oder dessen Partner oder Partnerin? Gab es überhaupt eine Wahl? Oder hatte das Elternpaar bereits entschieden, dass die Kinder in ihrer vertrauten Umgebung bleiben, dass der Elternteil, der mit ihnen (in welchem Rhythmus auch immer) zusammenleben wird, in der angemieteten Wohnung oder im eigenen Haus verbleibt, während der andere Elternteil aus- und umzieht in eine eigene, andere Umgebung in der Nähe oder in der Ferne?

Nehmen wir den Fall der (wahrscheinlich am wenigsten konfliktreichen) Elternentscheidung, dass die Kinder auf ihre vertraute Umwelt nicht verzichten müssen. Dann muss der Partner oder die Partnerin einziehen und sich in die (alte) Umwelt der jetzt aufgelösten Familie einfügen. Wie geht das?

Der Partner oder die Partnerin betritt fremdes, aber für den Elternteil und die Kinder vertrautes Terrain. Schwierige Bewegungen der Orientierung und der Abstimmung sind die Folge. Als Gast kann man seine Gastgeber und Gastgeberinnen fragen, welchen Platz am Tisch sie für einen vorgesehen haben und wo sich – beispielsweise – das Badezimmer befindet; manchmal wird es dem Gast ganz leicht mit den Worten gemacht: Fühlen Sie sich wie zu Hause! Das ist freundlich gemeint und freundlich gesagt. So einfach ist es in fremden Umgebungen trotz dieser Ermunterung natürlich nicht, aber es ist weniger steif. Wie ist das in der Patchworkfamilie? Der Partner oder die Partnerin ist kein Gast. Er oder sie zieht ein. Er oder sie bringt das eigene Mobiliar, die Gegenstände der eigenen Interessen mit. Er oder sie bleibt. Er oder sie beansprucht und erhält einen Platz. Jetzt wird es kompliziert. Welchen Platz bekommt der Partner oder die Partnerin? Wo nimmt er oder sie Platz? Am Tisch dort, wo der andere (jetzt abwesende) Elternteil saß?

Auf keinen Fall.

Die neue Sitzordnung

Die Sitzordnung muss neu abgestimmt werden. Es wäre gut, wenn der anwesende Elternteil dies mit den Kindern frühzeitig bespricht (um sie auch mit der Tatsache vertraut zu machen, dass sich jemand an ihren Tisch setzt) und mit dem Partner oder der

Partnerin (vor dem Platznehmen) überlegt, wer wo neben wem künftig sitzt. Möglich, dass schon bald eine Sitzordnung, die das Einverständnis der Kinder und des Paares findet, gefunden wird im Prozess des Vertrautwerdens.

Die Sitzordnung am Tisch ist Beispiel und Illustration für den delikaten, realen wie symbolischen Prozess des Platznehmens des Partners oder der Partnerin unter den Augen der Kinder. Der Prozess des Platz- und Raumeinnehmens – keine rasche, sondern eine vorsichtige, behutsame und tastende Bewegung ist zu empfehlen – gehört zum Aufbau des empfindlichen Patchworkgefüges. Die Kinder beobachten und wollen wissen, ob und wie der abwesende Elternteil seinen Platz *behält* – indem der Partner oder die Partnerin den vakanten Platz des abwesenden Elternteils nicht sofort wie selbstverständlich einnimmt – am Tisch, auf der Couch vorm Fernseher, an den vertrauten, von ihm (früher) besetzten Plätzen. Damit ist nicht gemeint, dass sie frei bleiben sollen. Natürlich müssen sie benutzt werden – nach und nach, wenn sie erinnert wurden (auf welche Art und Weise auch immer) als die Orte, an denen der abwesende Elternteil sich aufhielt, und wenn sie gewissermaßen übergeben werden nach einer abgestimmten Geste des Einverstandenseins der Kinder (die zuvor angemessen gefragt wurden).

Das zögernde, ausgehandelte Platz- und Raumeinnehmen ermöglicht den Kindern, den abwesenden Elternteil ausreichend zu erinnern, womit die Wirklichkeit seiner Abwesenheit markiert und seine Existenz bekräftigt wird, sodass für sie der abwesende Elternteil tatsächlich draußen und der Partner oder die Partnerin drinnen sind. Mit anderen Worten: der Partner oder die Partnerin wird, wenn dies gelingt, allmählich weniger als der Eindringling erlebt, der den abwesenden Elternteil verdrängt, sondern eher als jemand, der dazu kommt und den abwesenden Elternteil behutsam (in Erinnerung) erhält – womit die Kinder sich möglicherweise eher geneigt fühlen, den Partner oder die Partnerin in ihre inneren Welten aufzunehmen und ihm oder ihr vorläufig Platz einzuräumen.

Für die Gastgeber und Gastgeberinnen ist die Tischordnung der Gäste oft der entscheidende Auftakt für das Gelingen eines Festes. Hier dient sie als Bild für den langsamen, subtilen Prozess, das Gefüge der Patchworkfamilie entstehen zu lassen. Bleiben wir beim Bild der Gastgeber und Gastgeberinnen und des Gastes. Der Elternteil hat ihn eingeladen und hereingebeten – die Kinder nicht. Kinder sind streng und solidarisch. Auch wenn sie dem einen Elternteil zuliebe den neuen Lebensverhältnissen zugestimmt haben, bedeutet das nicht, dass sie einverstanden sind. Sie bleiben dem abwesenden Elternteil treu. Sie bleiben mit ihm beschäftigt. Sie füllen die Lücke seiner Abwesenheit mit ihren Erinnerungen, Sehnsüchten, Wünschen, Fantasien und Sorgen um ihn. Sie bleiben ihm innerlich nah. Es ist ihnen nicht anzusehen. Sie wissen es möglicherweise selbst nicht und können deshalb keine Auskunft geben. Die Gegenwart des Partners oder der Partnerin ernüchtert und irritiert diese seelischen Bewegungen des Verlebendigens des abwesenden Elternteils. Die Existenz des Partners oder der Partnerin erleben die Kinder wie eine Invasion in ihre inneren Welten. Ihr Wunsch, die Eltern zusammenzuhalten und zusammen zu sehen, scheint keine Zukunft mehr zu haben.

Deshalb sind der Ärger und die Enttäuschungswut, die Ernüchterung und die Niedergeschlagenheit, die Aufsässigkeit und der Trotz die natürlichen, zu erwartenden Affekte der Kinder, die unterschiedlich und wechselhaft ihre Not regulieren in einem (beispielsweise) brütenden, unzugänglichen Rückzug oder einer flapsigen Nachgiebigkeit. Sie wurden und werden, deren Sicht sollte das Patchworkpaar stets mitdenken, gezwungen, der Lebensentscheidung ihrer Eltern zu folgen, obgleich sie sie nicht wünschten. Eine verständnisvolle, nicht unterwürfige Haltung des anwesenden Elternteils (vor dem Schuldvorwurf der Kinder) und eine verständnisvolle, großzügige, nicht empfindliche (nicht leicht kränkbare) Haltung des Partners oder der Partnerin (vor der Abweisung der Kinder) sind zu empfehlen.

Das Problem der vertrauten Umgebung

Gehen wir den Kontext der vertrauten Umgebung (für die Kinder und den Elternteil) und der unvertrauten Umgebung (für den Partner oder die Partnerin) weiter durch. Die gewohnte Einrichtung besteht weiter – auch wenn sie durch den hinzugefügten Besitz der Partnerin oder des Partners eine (etwas) andere Ordnung erhält. Die vertraute Umgebung repräsentiert die Familiengeschichte. Jedes Möbel, jede Tasse, jede Gabel, jedes Handtuch gehören zur und erinnern an die Familienwirklichkeit vor der Patchworkwirklichkeit. Der Partner oder die Partnerin muss damit rechnen, dass die Kinder sich erinnern – bedacht und unbedacht (um die lästige, quälende Gegenwart nicht so gegenwärtig erscheinen zu lassen) erzählen sie von der Vergangenheit der alten Familie in der Gegenwart der Partnerin oder des Partners. Weißt du noch, wie ... weißt du noch, als ... In diesen Momenten ist der abwesende Elternteil anwesend, aber die Partnerin oder der Partner ausgeschlossen: Zur Geschichte der alten Familie kann sie oder er nicht beitragen.

Aus einem Gespräch ausgeschlossen zu werden, kränkt je nach eigener Empfindlichkeit mehr oder weniger stark. Man kommt sich wie das sprichwörtliche fünfte Rad am Wagen vor. Man kommt sich (vielleicht) für Sekunden vernichtet vor. Mit anderen Worten: Die Anlässe für den Partner oder die Partnerin, immer wieder aus der Gegenwart der Patchworkfamilie ausgeschlossen zu werden, sind unübersehbar; Kränkungen gehören zum Alltag der Patchworkfamilie; Schmerzfreiheit sollte man nicht erwarten.

Was kann der Partner oder die Partnerin tun? Sich ein dickes Fell, wie man sagt, zulegen? Leider hat man nur die eine (dünne) Haut. Leider haben wir ein gutes, allerdings nicht immer zutreffendes Gespür und ein gutes Gedächtnis für Kränkungen und leider aktivieren wir gewissermaßen reflexhaft den blitzschnell entsicherten Impuls, Kränkungen zurück zu kränken oder zumindest – wenn es ihn zu sichern gelingt – die Vergeltung zu imaginieren und bereitzuhalten für eine (vermeintlich) günstige Gelegenheit. Zudem lassen sich Kränkungen nicht so schnell sortieren, inwieweit sie als ernsthafte Verletzungen beabsichtigt und mit welcher Affektstärke sie unterfüttert waren. Man weiß es nicht. Man kann auch die eigene Gereiztheit, den eigenen Ärger dazwischen mischen. Weshalb man manchmal mächtig danebenliegen kann.

In *The Quiet Man [Der Sieger]* (Regie: John Ford; US 1952) kehrt Sean Thornton (John Wayne) in sein irisches Heimatdorf Inisfree zurück, wo er mit dem jähzornigen Squire Will Danaher (Victor McLaglen) aneinandergerät, der seinen Sekretär ständig anweist, die ihm zugefügten Kränkungen in ein schwarzes Buch zu notieren – eine herrliche (sehr vergnügliche) Technik der Entlastung. Aufgeschrieben ist nicht vergessen. Wenn die Kränkungen einen Platz oder einen Raum bekommen, werden sie wahrgenommen. Die vielfach geteilte, gemeinsame Wahrnehmung entschädigt und beruhigt.

Diese Technik des peniblen Registrierens ist im Familienalltag nicht praktikabel; sie ist, bei Licht besehen, auch nicht zu empfehlen: großzügiges Vergessen, mit dem man die Möglichkeit des eigenen Irrtums und die eigenen Empfindlichkeiten einräumt, erleichtert den Umgang. Der Alltag, lehrt das Leben, ist so oder so voller Kränkungen – unterschiedlicher Bedrohungen des Selbstkonzepts. Würde man sie präzise erinnern und wollte man sie zu klären versuchen, käme man nicht mehr zur Ruhe. Der Partner und die Partnerin sind gut beraten, mit einem schwierigen Empfang zu rechnen: Er oder sie ist in der Patchworkfamilie, auch wenn er oder sie sich noch so viel Mühe gibt, zugleich willkommen und nicht willkommen. Er oder sie, daran sollte die Partnerin oder der Partner stets denken, trifft auf schwierige Verhältnisse der Bindung und der Loyalität. Die Kinder schwanken und pendeln: Das eine Mal sind sie auf der Seite des einen Elternteils und fügen sich in dessen Wahl eines Partners oder einer Partnerin mit einer Geste der Zustimmung; das andere Mal sind sie auf der Seite des anderen, abwesenden Elternteils und hoffen, ihm mit ihrer Geste der Ablehnung treu zu bleiben. Die Kinder sind in ihrem Sicherheitsgefühl irritiert und labilisiert. Die Eltern garantierten ihr Gefühl einer sichereren Umgebung. Jetzt wissen sie nicht, wo sie hingehören. In diese Patchworkfamilie oder in die andere – dorthin, wo der abwesende Elternteil lebt?

Der Elternteil, daran sollte die Partnerin oder der Partner auch stets denken, ist ebenfalls irritiert und labilisiert. Die neue Lebenslage wird ständig von ihm bilanziert. Die Schuld und die Sorge sind die häufigen beunruhigenden Affekte, die den Elternteil sich ständig fragen lassen, wie tragfähig seine Entscheidung für die Patchworkfamilie ist.

Das Patchworkpaar und sein Schlafzimmer

Gäste sind taktvoll; sie respektieren die Intimitätsgrenzen ihrer Gastgeber und Gastgeberinnen und fühlen sich, entgegen der Aufforderung, nicht wie zu Hause – sie meiden beispielsweise das Schlafzimmer der Gastgebenden. Hier endet die Reichweite des Bildes vom Gast und den Gastgebern und Gastgeberinnen, denn die Partnerin oder der Partner des anwesenden Elternteils sucht dessen Schlafzimmer auf und richtet sich dort im Bett der Eltern oder in einem neuen, anderen Bett (das nicht die Geschichte des auseinandergegangenen Elternpaares evoziert) ein – beobachtet und registriert von den Kindern. Er oder sie ist kein Gast.

Zur Entwicklungsleistung der Kinder gehört, dass die sexuelle Praxis ihrer Eltern für sie ein Tabu ist – die Tür des Elternschlafzimmers ist unverschlossen, aber um sie zu öffnen, müssen die Kinder, wenn sie keine kleinen Kinder mehr sind (ab etwa vier, fünf oder sechs Jahren), sich mit ihren Eltern verständigen. In diesem Alter haben die Kinder die Intimitätsgrenzen des Schlafzimmers der Eltern in sich aufgenommen: als ihr in ihrem Entwicklungsprozess zunehmend konturiertes Gefühl für die Generationendifferenz (hier die Kinder, dort die Eltern; es gibt eine deutliche Grenze zwischen den Generationen) und für die Realität des Ortes des elterlichen Geheimnisses. Die sexuelle Praxis der Eltern ist für die Kinder ein Geheimnis; die Zuneigung der Eltern, erkennbar an ihrem zärtlichen Umgang, nicht. Kinder beobachten ihre Eltern genau und registrieren deren Verfassung und Beziehung. Die Eltern beim Koitus zu sehen ist deshalb eine sehr irritierende, wahrscheinlich sehr ängstigende Beobachtung; den Koitus der Eltern zu imaginieren ist ein möglicherweise destabilisierendes Interesse der Kinder in ihrem eigenen sexuellen Entwicklungsprozess.[41]

Dürfen die Kinder die Eltern in deren Schlafzimmer aufsuchen?

Sie dürfen hinein; sie sind willkommen. Wenn sie kommen, haben sie eine Frage, einen Wunsch oder eine Not. Eltern sollten sich dafür interessieren und die Kinder nicht abweisen. Wenn sie ausreichend verstanden haben, was ihre Kinder bewegt hat, zu ihnen zu kommen, können die Eltern ihnen zumuten, die Einsamkeit des Einschlafens in ihrer eigenen Umgebung allein zu regulieren. Andererseits ist die Not der Kinder, ihre Einsamkeit und ihre Angst vor dem Einschlafen auszuhalten, manchmal sehr groß; sie hängt natürlich auch von ihrem Alter ab. Eltern neigen aus Gründen der eigenen Entlastung dazu, ihre Kinder in ihrem Entwicklungsniveau zu überschätzen – es ist schwierig zu entscheiden, was den Kindern wann zugemutet werden kann. Es ist für Eltern hilfreich, sich an die eigene Entwicklung zu erinnern, wann sie wie unterstützt wurden, ihre Verfassung des Einschlafens allein zu regulieren.

Wie ist das bei dem Patchworkpaar mit dem Zugang der Kinder zu dessen Schlafzimmer? Jetzt ist es anders. Jetzt fehlen die

---

41 Sigmund Freud hat mit seinem Konzept der *Urszene* die Bedeutung der kindlichen Beschäftigung mit der beobachteten und der vermuteten elterlichen sexuellen Beziehung als eine Dimension der sexuellen Entwicklung formuliert; eine gute, knappe Übersicht geben zudem Jean Laplanche und Jean-Bertrand Pontalis (1972, S. 576ff.).

frühere Selbstverständlichkeit und Unbefangenheit; jetzt dominieren Scheu und Befangenheit – aufseiten der Kinder und des Patchworkpaares. Die Enttäuschung und Ernüchterung der Kinder über den Verrat des anwesenden Elternteils am abwesenden Elternteil sind hinzugekommen. Der Partner oder die Partnerin repräsentiert – in der Sicht der Kinder – die Tatsache des Verrats, der Treulosigkeit und der Invasion in ihr Bild von der Intimität der Eltern. Ebenso repräsentiert für sie das Schlafzimmer den Ort des realisierten Verrats, der realisierten Treulosigkeit, des realisierten Übergriffs und des verletzten Tabus. *Was hat ein Fremder dort zu suchen?* lautet die (zumeist) unausgesprochene (heimliche), empörte Frage der Kinder.

Sie darauf (wie sie die sexuelle Praxis des Patchworkpaares empfinden) anzusprechen, ist nicht zu empfehlen. Sollten die Kinder diese Frage stellen, muss der Elternteil – zusammen mit seinem Partner oder seiner Partnerin – eine Antwort finden; sie sollten auf die Frage der Kinder vorbereitet sein. Den Kindern, daran sollte das Patchworkpaar stets denken, wird viel zugemutet: Sie sollen dem Partner oder der Partnerin gestatten, was sie sich nicht mehr gestatten. Sie brauchen Zeit, sich zu sortieren und sich zu beruhigen.

Der Partner oder die Partnerin ist mit diesem Vorwurf der Kinder (des oder der invasiven Fremden), ob ausgesprochen oder unausgesprochen, untergründig beschäftigt; er oder sie erwartet den beobachtenden Blick der Kinder, sieht ihn und nimmt ihn in sich auf; bewusst oder unbewusst reagiert er oder sie darauf in der Gestaltung der Beziehung zu den Kindern und zum Elternteil. Ein (halbwegs) unbefangener, unverkrampfter Umgang fällt schwer. Die befürchteten oder vermuteten beobachtenden Blicke der Kinder lasten auf der Fähigkeit des Partners oder der Partnerin, zum Elternteil seine oder ihre Liebesbeziehung zu gestalten und zu behaupten. Er oder sie fühlt sich wie auf dem sprichwörtlichen Präsentierteller, so als ob jede Geste registriert würde. Wobei er oder sie nicht weiß, ob und was beobachtet und registriert wird, ob und welche Gedanken die Kinder sich dazu machen – oder ob er oder sie von den Kindern die gleiche Empfindlichkeit erwartet. Es ist schwierig, es ist nicht zu klären. Darüber mit den Kindern zu sprechen, ist nicht zu empfehlen. Die Unsicherheit und Ungewissheit den Kindern gegenüber sollte der Partner oder die Partnerin aushalten und ertragen; sie sollten sich im Prozess des Vertrautwerdens mildern – in dem Maß, in dem die Anwesenheit des Partners oder der Partnerin für die Kinder allmählich zur selbstverständlichen Realität werden.

Dem Partner oder der Partnerin ist zu empfehlen, die Befürchtungen mit dem Elternteil zu besprechen, um sich zu entlasten und unterstützen zu lassen. Wahrscheinlich wird der Elternteil sie zu zerstreuen versuchen. Das hilft, wie wir wissen, etwas. Befürchtungen lassen sich nicht so einfach ausräumen. Befürchtungen werden unterschiedlich geteilt. Wenn der Partner oder die Partnerin das sprichwörtliche Gras wachsen hört, bleibt der Elternteil stoisch: er hört nichts. Was macht der Partner oder die Partnerin dann? Darauf bestehen, dass das Gras wächst? Zugestehen, dass er oder sie vielleicht überempfindlich ist? Wir sind an dem Punkt einer vertrauten schwierigen Alltagsentscheidung: Soll man auf der Gewissheit des eigenen Gefühls bestehen oder kann man sie relativieren zugunsten einer fremden Gewissheit? *Wie sicher ist man sich? Darf man an sich zweifeln? Verrät man dann den eigenen Stolz? Darf man zugunsten der Beziehung zum Elternteil* und *der Beziehung zu den Kindern nachgeben?*

Natürlich darf man.

Eine Befürchtung ist ein Zukunftsentwurf. Ob die Wirklichkeit sich nach dem Entwurf entwickelt, ist offen: sie kann, muss aber nicht. Den Zweifel an der eigenen emotionalen Gewissheit zuzulassen, ist klug und vermeidet den Kampf, welche Wahrheit einer Empfindung gilt oder zählt *(meine oder deine?)*. Die Befürchtung, sich auf einem Präsentierteller zu bewegen, enthält den *Verdacht*, die Kinder könnten dem abwesenden Elternteil über das Verhalten des Partners oder der Partnerin etwas mitteilen. Der Verdacht enthält den Hinweis auf die imaginierte Beziehung und Beschäftigung des Partners oder der Partnerin mit dem abwesenden Elternteil; im Verdacht hat sich – vielleicht – eine Abneigung verdichtet. Der Partner oder die Partnerin könnte den Verdacht zum Anlass nehmen, das eigene Verhältnis zum abwesenden Elternteil zu überdenken.

Wie reagiert der Elternteil, wenn der Partner oder die Partnerin über die eigenen Befürchtungen den Kindern gegenüber zu sprechen versucht? Er fühlt sich hin und her gerissen – zwischen seinen Bindungen und Verpflichtungen seinem Partner oder seiner Partnerin und seinen Kindern gegenüber. Auf wen soll der Elternteil zuerst reagieren? Wen unterstützen und wen schützen? Wem recht geben? In einem Satz: Die Befürchtung des Verrats *kann* zur Hypothek der Beziehung zu allen Mitgliedern der Patchworkfamilie werden. Ein behutsames Gespräch des Elternteils mit dem Partner oder der Partnerin ist zu empfehlen.

Gerhard Amendt hat für die Lebenssituation der Kinder, deren Eltern ihre Beziehung aufgelöst haben, das Bild der Fantasie geprägt, dass nunmehr der Platz neben dem anwesenden Elternteil frei sei.[42] Er verweist auf die schwierige Lebenslage der Kinder, in der die Wirklichkeit der Abwesenheit des anderen Elternteils den Wunsch belebt, dem anwesenden Elternteil besonders nah zu sein – womit das sichere Gefühl, Kind der Eltern zu sein, labilisiert wird durch die Hoffnung auf die Illusion, mehr als ein Kind für den anwesenden Elternteil sein zu können. Es ist verständlich, dass die Kinder, wenn sie diese Fantasie und Illusion pflegen, den Partner oder die Partnerin als Eindringling in das empfindliche Gefüge ihrer erschütterten inneren Welt erleben, was der Partner oder die Partnerin stets berücksichtigen sollte, wenn die Kinder sich ihm oder ihr gegenüber abweisend und kränkend verhalten: als die *Not* der Kinder, sich in verwirrenden Lebensverhältnissen zurechtzufinden.

---

42 »Es wird ein Platz frei, für den das Kind – Junge wie Mädchen, wenn auch mit unterschiedlichen Fantasien – sich zum Ersatz anbietet. Allerdings kann *kein* Kind diesen Platz zu seinem eigenen Vorteil besetzen« (Amendt, 2004, S. 237; Hervorh. i. Orig.).

Die Notwendigkeit, die Geschichte der eigenen Beziehung zu erzählen

Was kann das Patchworkpaar tun? Mit den Empfindlichkeiten der Kinder rechnen und sie tolerieren – auch wenn sie es dem Patchworkpaar nicht einfach machen mit ihrer Neugier und ihren Fragen. Fragen sollten ausreichend, dem Entwicklungsalter der Kinder angemessen, beantworten werden. Neugier ist unsere mehrdeutige Vokabel: Die forschende Neugier ist gern gesehen, die bohrende, eindringende Neugier weniger. Die Neugier hängt vom Takt und vom Interesse ab. Sie ist manchmal produktiv, manchmal lästig, manchmal verletzend, weshalb ein englisches Sprichwort warnt: *Curiosity kills the cat!* Kindliche Neugier dient zumeist ihrem expansiven Interesse – der Erforschung ihrer inneren Welten und ihrer realen Umwelten. Kindliche Neugier ist deshalb für den Elternteil wie für den Partner oder die Partnerin stets eine Chance: zum Kontakt und zur Vertiefung der Beziehungen zu den Kindern. (Neugierige) Fragen zur Liebesbeziehung (wie auch immer) sollten deshalb willkommen sein und begrüßt werden (als das gute Zeichen für das Interesse der Kinder).

Der Elternteil bekommt so die Gelegenheit, die Beziehung zu seinem Partner oder zu seiner Partnerin zu bekräftigen: Er spricht zu den Kindern, erläutert seine Beziehung und bestätigt sie damit. Er bekommt die Möglichkeit, die Erzählung der Geschichte ihrer Beziehung zu entwerfen und (nach und nach) auszubreiten. Bei dem alten Elternpaar verlief die Evolution der Verständigung über seine Beziehung gewissermaßen natürlich im Entwicklungsprozess der Kinder. Bei dem Patchworkpaar müssen der Elternteil und die Partnerin oder der Partner die Verständigung über ihre Beziehung initiieren und nachholen. Zu empfehlen ist, dass der Elternteil damit allmählich beginnt. Vom ihm wollen die Kinder zuerst die Geschichte der Auflösung der elterlichen Beziehung und die Geschichte der Aufnahme der Beziehung zur Partnerin oder zum Partner erfahren. Dafür sollte der Elternteil sich

Zeit nehmen und sich Mühe zur angemessenen (altersabhängigen) Auskunft geben. Der Partner oder die Partnerin kann den Elternteil dabei unterstützen und entlasten mit der eigenen Version.

Das Patchworkpaar kann so nach und nach eine für alle Beteiligten plausible, von allen Beteiligten geteilte, wohlwollende Erzählung ihrer Geschichte und eine versöhnliche Erzählung der Geschichte des alten Paares finden, die den abwesenden Elternteil einbezieht, indem er *nicht* zum Schuldigen für das Scheitern der Ehe und der Familie erklärt oder mit negativen Beschreibungen versehen wird. Den abwesenden Elternteil abzuwerten, ist nicht hilfreich für das Beziehungsgefüge innerhalb der Patchworkfamilie. Die Kinder wünschen, ihre guten Bilder von Mutter und Vater zu erhalten. Sie wünschen nicht, sich entscheiden zu müssen für den einen Elternteil zugunsten des anderen Elternteils. Die Kinder möchten wissen, mit wem sie es zu tun haben und ob ihre Eltern ihre Eltern bleiben. So erläutert und beantwortet der Elternteil seinen Kindern wie nebenbei deren (heimliche) Frage zur sexuellen Beziehung zur Partnerin und zum Partner. So hält der Elternteil dem Partner oder der Partnerin die Treue und verstärkt dessen oder deren Position im Patchworkgefüge.

Das ist, wie so oft, leicht gesagt, schwergetan. Der Elternteil wird darum nicht herumkommen, sich den Kindern mitzuteilen und um Verständnis zu werben, und das aus mehreren Gründen: Kinder wünschen für ihr Selbstgefühl und ihre Lebenszuversicht die Geschichte der Zuneigung und des Begehrens ihrer Eltern zu kennen – wie sie sich wo begegneten, verliebten und ein Paar wurden. Für das Patchworkpaar gilt das auch. Die Kinder wünschen zu erfahren, welche Geschichte der Zuneigung und des Begehrens die Partnerin oder den Partner vom abwesenden Elternteil unterscheidet. Die Kinder brauchen für ihre Lebensorientierung eine überzeugende Erzählung ihrer Lebensgeschichte; ihre Konfusion angesichts der Unsicherheit ihrer Lebensverhältnisse muss sich beruhigen – anderenfalls stockt ihre Lebensentwicklung. Die Kinder wollen wissen, ob und wie der Elternteil es ernst meint mit einem Partner oder einer Partnerin; sie müssen sich einstellen können auf die tatsächliche Abwesenheit des anderen Elternteils – ein anderer Mann oder eine andere Frau ist hinzugekommen.

Ist für die Kinder das Patchworkpaar auch ein Liebespaar? Das Liebespaar ist in der Patchworkfamilie eine umstrittene Wirklichkeit. Wir sprechen über komplizierte Prozesse. Indem das Patchworkpaar die Erzählung seiner Liebesbeziehung entwickelt und mit den Kindern erörtert, indem es mit ihrem zärtlichen Umgang seine Liebesbeziehung gewissermaßen erläutert und bestätigt, nehmen die Kinder das Paar in ihre innere Wirklichkeit auf und verändern die Beziehungen zu ihren Elternteilen. Die Sitzordnung verschiebt sich in der Patchworkfamilie. Die Sitzordnung ist das Bild für die Realität der Ordnung der Beziehungswirklichkeiten. Jetzt gibt es im Patchworksystem die beiden Familien: einmal das neue Paar mit seinen (jeweils aus der Perspektive des Elternteils und des Partners oder der Partnerin) leiblichen und fremden Kindern, zum anderen den abwesenden Elternteil in seiner eigenen Patchworkfamilie. Und es gibt als eine Art besonderer Realität das aufgelöste, an zwei Orten lebende, aber *weiterhin existierende* Elternpaar: Mutter und Vater.

Die Etablierung dieser Beziehungswirklichkeiten setzt voraus, dass der Elternteil sich traut, seinen Kindern die Wirklichkeit seiner neuen Liebesbeziehung zuzumuten. Das ist, wenn wir uns gut erinnern, die Wiederholung und Variation einer Entwicklungsleistung. Den ersten Freund, die erste Freundin den eigenen Eltern vorzustellen und damit das eigene sexuelle Begehren (implizit) zu präsentieren, war nicht einfach und kostete den mehr oder weniger langen Anlauf einer Überwindung. Damals war es der wichtige Schritt, sich von den Eltern zu entfernen und den eigenen Weg zu gehen. Jetzt ist es (in der Patchworkfamilie) der Schritt, dem Schuldvorwurf der Kinder, den abwesenden Elternteil verraten zu haben, nicht zu folgen. Jetzt lebt der Elternteil mit seinem Partner oder seiner Partnerin den Alltag der Liebesbeziehung – vor den Augen der Kinder und im geschützten Raum ihrer gemeinsamen Intimität. Womit der Elternteil seine Kinder darin versichert, dass die Auflösung der Ehebeziehung realisiert ist und dass die Patchworkbeziehung die neue Lebenstatsache darstellt.

Die relativierte Elternschaft des Patchworkpaares[43]

Das Patchworkpaar ist ein ungleiches, solidarisches Elternpaar

Im *Bürgerlichen Gesetzbuch* hat der Gesetzgeber zwischen dem sorgeberechtigten und dem nicht sorgeberechtigten Elternteil unterschieden. Die elterliche Sorge ist die Folge leiblicher Elternschaft mit ihrem zentralen Interesse am Kindeswohl.[44] Der Paragraf 1687 BGB verfügt:

> »Leben Eltern, denen die elterliche Sorge gemeinsam zusteht, nicht nur vorübergehend getrennt, so ist bei Entscheidungen in Angelegenheiten, deren Regelung für das Kind von erheblicher Bedeutung ist, ihr gegenseitiges Einvernehmen erforderlich«.

Gesetzliche Regelungen stellen einen Handlungsrahmen zur Verfügung – wie der oder die Einzelne ihn ausfüllt, ist ihm oder ihr überlassen. Der Paragraf 1687 BGB legt eine Pflicht für das

---

43 Mein Konzept der relativierten Elternschaft ist angeregt worden von Martin Koschorkes Konzept der *abgestuften Elternschaft*. Abgestufte Elternschaft bezieht sich auf die unterschiedliche Elterngeschichte (Koschorke, 2008, S. 372–385).

44 Der Rechtsbegriff der *elterlichen Sorge* hat 1979 die Rechtsbegriffe der *elterlichen Gewalt* und der *väterlichen Gewalt* ersetzt. Die elterliche Sorge dient dem Kindeswohl. Die Ausnahme der an die Leiblichkeit gebundenen elterlichen Sorge ist die Adoption, bei der die nicht-leiblichen Elternteile das Amt der elterlichen Sorge erhalten.

Patchworksystem fest: Das gegenseitige Einvernehmen der (getrenntlebenden) Eltern ist erforderlich. *Erforderlich* bedeutet: *Die getrenntlebenden Eltern sind verpflichtet, weiterhin als die Eltern ihrer Kinder zu handeln.* Der Paragraf 1687 gibt ihnen einen Spielraum und schränkt ihn insoweit ein: Die Eltern müssen sich *nur* bei relevanten Entscheidungen verständigen und sich abstimmen. Das wiederum setzt voraus, dass die Eltern im Kontakt bleiben und sich regelmäßig austauschen über die Entwicklung, Bedürfnisse und Interessen ihrer Kinder.

Was ist dann mit der Elternschaft des Patchworkpaares? In Paragraf 1687 wird die Elternschaft des Patchworkpaares als nicht gleichwertig definiert. Der Elternteil hat eine Rechtsposition, der Partner oder die Partnerin nicht. Was bleibt dann für den Partner oder die Partnerin zu tun? *Was kann er oder sie sagen und tun, wenn der Elternteil das Sagen hat?* Diese Frage lässt sich nicht einfach beantworten. Das Patchworkpaar muss sich darüber auseinandersetzen und sich abstimmen. Mit anderen Worten: das Patchworkpaar beginnt und bewegt sich in einer Form von relativierter Elternschaft, bei der unklar ist, welche Rollen und Funktionen der Partner oder die Partnerin ausübt und wer ihn oder sie dazu berechtigt.

Vorschlag zur Arbeitsteilung von Innen- und Außenpolitik der Patchworkfamilie

Gehen wir davon aus, dass der Partner oder die Partnerin an den fremden Kindern und an deren Entwicklung (Förderung und Unterstützung) interessiert ist und sich darüber mit dem Elternteil verständigt hat. Gehen wir weiter davon aus, dass der Partner oder die Partnerin mit dem Elternteil in den Orientierungen und Überzeugungen von Elternschaft (in etwa) übereinstimmt. Beide, Elternteil und Partner oder Partnerin, haben sich angenommen über ihre Kindheit und ihre Eltern soweit ausgetauscht, dass sie sich gegenseitig (einigermaßen) sicher sind in ihren Erwartungen und Wünschen von Elternschaft. *Sie trauen sich gegenseitig zu, solidarisch zueinander sein zu können, auch wenn sie verschiedener Auffassung sein sollten.* Der Elternteil, auch wenn er die Erfahrung mit seinen Kindern voraushat, schätzt die Auffassungen und die Lebenshaltung seines Partners oder seiner Partnerin. Der Partner oder die Partnerin schätzt ebenfalls die Auffassungen und die Lebenshaltung des Elternteils. Der Elternteil und der Partner oder die Partnerin gestehen sich zu, *dass sie sich in Fragen der Elternschaft etwas zu sagen haben.* Der Elternteil wird also seinen Partner oder seine Partnerin bei seinen Fragen zur Elternschaft *einschließen* und sie mit ihm oder ihr besprechen – so wie der Partner oder die Partnerin sich zu den Fragen der Elternschaft äußert und mitdiskutiert. Zu empfehlen ist, dass der Elternteil und der Partner oder die Partnerin die Fragen zur Elternschaft unter sich als Paar besprechen.

Gehen wir weiter davon aus, dass das Patchworkpaar sich über die Tatsache und das Problem *relativierter Elternschaft* verständigt hat. Wie könnte die relativierte Elternschaft aussehen? Sie könnte in dieser Arbeitsteilung bestehen.

Erstens: Innerhalb der Patchworkfamilie wird der Elternteil *möglichst* die Aufgaben, Funktionen und Rollen des abwesenden Elternteils *mit* übernehmen – und sie *nicht* dem Partner oder der Partnerin übertragen. Der Elternteil wird gegenüber den Kindern seine in der alten Familie (mit dem abwesenden Elternteil) gewonnenen Orientierungen und Überzeugungen (soweit er sie für richtig hält) behaupten und durchsetzen; er lädt den Partner oder die Partnerin nicht ein, sich bei dieser Aufgabe zu beteiligen. Wird der Elternteil sie zu korrigieren beabsichtigen, wird er sie mit dem Partner oder der Partnerin diskutieren und abstimmen.

Der Partner oder die Partnerin wird sich von den elterlichen Rollen und Funktionen der *früheren* Familienkultur fernhalten. Er oder sie wird prinzipiell seine oder ihre familiäre Position *of-*

*fen*halten (sich, wenn es geht, nicht einmischen), um möglichst einen Loyalitätskonflikt der Kinder, die ihre Eltern innerlich zusammenhalten und den abwesenden Elternteil vor einem Dritten schützen, zu vermeiden. Er oder sie wird sich in seinen Auffassungen zur Unterstützung und Förderung der Kinder zurückhalten und sie *später* nach und nach in dem Maße, wie sich seine oder ihre Position (Platz) im Patchworksystem konturiert, einfügen. Er oder sie wird sich nicht als Stiefelternteil verstehen und einführen. Entsprechend wird er oder sie sich mit dem Vornamen adressieren lassen.

Das Präfix *stief-* wird von keinem Mitglied benutzt, weder innerhalb noch außerhalb der Patchworkfamilie. Der Partner oder die Partnerin wird sich zur Verfügung stellen und sich in einer abwartenden Position nicht aufdrängen. Für ihn oder sie als den relativierten Elternteil ist die Haltung eines *zurückhaltenden, vorsichtigen, behutsam teilnehmenden Vorbildes* für Fairness, Redlichkeit und Aufrichtigkeit – am Bild eines Gastes, eines Mentors oder einer Mentorin, eines Freundes oder einer Freundin oder eines fernen Verwandten orientiert – auf einer mit dem Elternteil abgestimmten Linie zu empfehlen.

Zweitens: Für die *Disziplinierung* bleibt der Elternteil zuständig (Umgangsformen, Tischmanieren, Ausmaß des Medienkonsums, Regeln der Wunscherfüllung und des -verzichts, Einhaltung der häuslichen Aufgaben und der häuslichen Ordnung). Der Partner oder die Partnerin wird sich (als relativierter Elternteil) heraushalten. Er oder sie wird nicht den vakanten Platz des abwesenden Elternteils zu besetzen versuchen, um den Bindungen der Kinder zum abwesenden Elternteil nicht in die Quere zu kommen. Er oder sie überlässt die Auseinandersetzungen um die Disziplinierung der Kinder dem anwesenden und – gegebenenfalls – dem abwesenden Elternteil. Er oder sie wird von einem Standpunkt der Vernünftigkeit und der Fairness aus, wenn notwendig und angemessen, beide Elternteile oder die Kinder behutsam unterstützen.

Drittens: Bei heftigen Konflikten wird sich der Elternteil mit dem abwesenden Elternteil verständigen und ihn bitten, den leeren Platz (in der Patchworkfamilie) gegenüber den Kindern wahrzunehmen. Der Partner oder die Partnerin ist entlastet; er oder sie muss die Konflikte nicht austragen und regeln; er oder sie wird den Elternteil unterstützen in einer Art *flankierenden, unterstützenden Position.* Er oder sie kann dabei das gewissermaßen überparteiliche Prinzip der *Fairness* vertreten und aus dieser Position für einen Ausgleich werben.

Viertens: Der Elternteil übernimmt die Aufgabe der Integration der *Vergangenheit der aufgelösten Familie.* Er wird den Kindern die Geschichte der Auflösung verständlich machen; warum und wie die Eltern sich auseinanderlebten und auseinandergingen; wie er seinem Partner oder seiner Partnerin begegnete und sich verliebte; was er an ihm oder ihr schätzt. Er wird auf diesem Weg (es ist nicht der einzige) seinem Partner oder seiner Partnerin den Platz im Patchworkgefüge zuweisen. Damit übernimmt der Elternteil auch die Aufgabe der Differenzierung der Gegenwart: *Er markiert den Unterschied zwischen gestern und heute, zwischen der alten und der neuen (anderen), gegenwärtigen Familie.*

Fünftens: Der Partner oder die Partnerin wird (als relativierter Elternteil) die Aufgaben der *Gegenwart* der Patchworkfamilie übernehmen. Er oder sie achtet und erinnert an die *gemeinsam* auf die (von den Mitgliedern der Patchworkfamilie) vereinbarten Regeln und Verpflichtungen der *anderen, jetzt neuen Kultur* der Patchworkfamilie (Aufgaben der Ordnung des Haushalts, Umgang mit und Pflege der Ressourcen des Haushalts, Verabredungen der Abwesenheiten und der Essenszeiten, Verabredungen zur Beschäftigung und zum Konsum künstlerischer Produktionen und Medien der öffentlichen Diskussion). Er oder sie, so ist zu empfehlen, wird die Nichtbeachtung der Regeln und Verpflichtungen *nicht* sanktionieren. Das ist, wenn überhaupt, Aufgabe des Elternteils. Sanktionen nach dem Muster: *Wenn du das tust, darfst du das nicht tun* sind Androhungen elterlicher Macht und nicht zu empfehlen; sie exekutieren gewissermaßen die Ungeduld und das Unverständnis der Eltern für ihre Grenzen und Regeln austestenden Kinder, die in ihren expansiven Impulsen (manchmal) schwer freundlich und wohlwollend zu bremsen sind, weil sie die Aufmerksamkeit ausreizen. Die Androhung einer Sanktion missbilligt und entmutigt die expansiven Impulse.

Sanktionen läuten einen unerfreulichen Machtkampf mit den Folgen asymmetrischer Herrschaft, Demütigung und Kränkung der Kinder ein, die ihrerseits mit den Mitteln des Zurückkränkens antworten. Eine beharrliche, aber wohlwollende Beschreibung der Regelverletzung mit dem Hinweis auf die Verpflichtung der Einhaltung sollte ausreichen. Für gravierende Regelverletzungen sollte als Konsequenz ein *Preis* verlangt und ausgehandelt werden. In einer Familie sollte das Tribunal vermieden werden. Regelverletzungen sind der familiäre Normalfall; Eltern sollten sie nicht *zu* persönlich nehmen: Die Kinder explorieren im Entwicklungsprozess ihre Wahrnehmung von *Grenzen*. Wie so oft ist die liebevolle *Dosierung* der Regeltreue die Kunst der Eltern; ihr (unerschütterliches) Wohlwollen sollte nicht als Nachsicht des Wegsehens von den Kindern verstanden werden können.

Sechstens: Mit seiner Patchworkfamilie etabliert der Elternteil die endgültige Auflösung der alten Familie, die Getrenntheit der beiden Patchworkfamilien und damit die Existenz des Patchworksystems. Hoffnungen des getrenntlebenden, anderen Elternteils auf ein Festhalten oder eine Aufnahme der alten familiären Beziehung werden damit ernüchtert. Möglich, dass der getrenntlebende Elternteil sich dagegen sträubt, diese Wirklichkeit hinzunehmen, und das Aushandeln der Aufgaben und Verpflichtungen den Kindern gegenüber erschwert oder verweigert. Der Elternteil der Patchworkfamilie sollte sich davon nicht lähmen lassen, an der Notwendigkeit des Aushandelns festhalten und auf einer Kooperation hinsichtlich der Absprachen im Dienste der Interessen der Kinder bestehen. Darauf sollte der Partner oder die Partnerin sich einstellen. Er oder sie wird sich aus dem Prozess des Aushandelns der Kooperation und aus dem Prozess der Realisierung der Getrenntheit des Elternpaares nicht heraushalten können; so oder so ist der Partner oder die Partnerin sowohl Beobachter oder Beobachterin als auch Teilnehmer oder Teilnehmerin dieser Prozesse.

Der Partner oder die Partnerin sollte dem Elternteil ausreichend Raum geben, mit dem abwesenden Elternteil die Elternschaft auszuhandeln. Wie die Elternteile diesen Raum gestalten, ist *zuerst* Sache der Eltern. Dem Partner oder der Partnerin ist zu empfehlen, diesen Prozess solidarisch zu unterstützen, aber nicht einzugreifen und nicht – dem eigenen Geschmack und den eigenen Impulsen (des Rettens und Schützens) folgend – die Initiative in den Patchworkverhandlungen zu übernehmen. Wahrscheinlich wird es für den Partner oder die Partnerin schwer sein, sich herauszuhalten. Die Impulse der Eifersucht und der Rivalität (mit dem abwesenden Elternteil) sind schwer zu kontrollieren und (ausreichend) zu bremsen. Der Partner oder die Partnerin *muss* sich (so schwer es fällt) darum im Interesse des Überlebens der Patchworkfamilie bemühen. Andererseits sollte der Elternteil mit der Empfindlichkeit seines Partners oder seiner Partnerin rechnen – die Sicherheit der Beziehung zu ihm oder zu ihr ist zuerst (für eine geraume Weile) fragil. Impulse von Eifersucht, Kränkung und Rivalität – ein Kontakt des Elternteils zum abwesenden Elternteil bedeutet (vielleicht) die Befürchtung einer Abwendung vom Partner oder der Partnerin und initiiert (vielleicht) dessen oder deren *Fantasie* der Gefahr des Fremdgehens – sind natürlicherweise zu erwarten; sie gehören zur Wirklichkeit der Patchworkbeziehung und sollten besprochen werden können.

Das ist leicht gesagt, schwergetan. Aversive Impulse beschämen, relativieren das eigene Gefühl von Erwachsensein und lassen am Niveau des Erwachsenenseins zweifeln. Das wiederum ist der Normalfall des Erwachsenseins. Aversive Impulse einzugestehen, testet die Stabilität des erwachsenen Selbstbildes und die Stabilität der Beziehung. Wenn aber darüber das Gespräch gelingt, haben die Beziehung des Paares und das Projekt des Patchworks gewonnen. Die Scham des Paares voreinander wird gemildert, seine Beziehung gefestigt. Die Kooperation des alten Elternpaares wird etabliert und bestärkt. Das Patchworksystem (in seiner Getrenntheit *und* Bezogenheit zweier Familien) wird differenziert hinsichtlich der nunmehr verabredeten Kontakt- und Besuchsregeln, der Unterhaltszahlungsverpflichtung, der Bewegungsradien und der Interessenspflege der Kinder und ihrer Verfügung über die Geldmittel. Deshalb sollten der Elternteil und der Partner oder die Partnerin sich auf das gemeinsame Interesse verständigen können, dass der regelmäßige, verabredete, kommunikative und interaktive Verkehr zwischen den Patchworkfamilien Voraussetzung für eine gute Entwicklung aller Beteiligten ist.

Der Partner oder die Partnerin wird *möglichst* zum abwesenden Elternteil *schweigen.* Er oder sie gibt keine Zensuren verteilende, entwertende, verachtende, abfällige Kommentare zum abwesenden Elternteil – auch wenn der anwesende Elternteil sie teilt, begrüßt oder erwartet. Er oder sie würde sonst seine Position zu den Kindern gefährden, die darauf *sofort* mit dem Impuls, ihren abwesenden Elternteil zu schützen, reagieren. *Er oder sie sollte die Bindungen der Kinder respektieren und schützen.* Es ist zu empfehlen, dass der Partner oder die Partnerin sich diese Regel (zur Deeskalation) zu eigen macht.

Die Patchworkfamilie, die ihren Alltag zu leben begonnen hat, ist noch buchstäblich offen. Ihre Grenze zur anderen Patchworkfamilie fühlt sich im Innenleben der Mitglieder noch porös an. *Der Prozess, zwischen beiden Patchworkfamilien eine Wirklichkeit der Getrenntheit zu etablieren, hat gerade begonnen.* Der Partner oder die Partnerin ist Beobachter oder Beobachterin und Teilnehmer oder Teilnehmerin an diesem Prozess zugleich. Je nachdem, wie er oder sie sich positioniert, fördert oder behindert der Partner oder die Partnerin diesen Prozess. Konflikte lähmen und behindern diesen Prozess. Der Bindungskonflikt der Kinder belastet den Elternteil mit dessen Schuldgefühl. Konflikte werden so schnell vertieft und breiten sich im Gefüge der Patchworkfamilie aus.

Relativierte Elternschaft bedeutet für den Partner oder die Partnerin: die Position des oder der Zweiten. *Relativierte Elternschaft ist insofern eine (mehr oder weniger) nagende Dauerkränkung.* Relativierte Elternschaft bedeutet für den Partner oder die Partnerin auch: Der abwesende Elternteil bleibt *anwesend.* Das Ausmaß seiner Anwesenheit wird im Prozess des Patchworkalltags verhandelt und (indirekt) festgelegt. Der Partner oder die Partnerin *bleibt* der oder die Zweite – hinter dem abwesenden Elternteil. Das ist die Lebenstatsache des Patchworks, die zu integrieren und mit der sich abzufinden enorm schwierig ist. Sie geht gegen den Strich der Wünsche, Sehnsüchte und Erwartungen des Partners oder der Partnerin, ein gleichwertiger Elternteil zu sein und von den *fremden* Kindern (unvoreingenommen) gemocht zu werden – und gegen den Strich der Wünsche, Sehnsüchte und Erwartungen des Elternteils, der Partner oder die Partnerin könnte die Dauerkränkung in sich elegant und großzügig ausbalancieren und die eigenen Kinder so lieben wie der Elternteil. Wie immer gibt es auch hier die Hoffnung, dass es irgendwann (zufriedenstellend) gut läuft; inwieweit der Partner oder die Partnerin in anderen Lebensbereichen für die Kinder gewissermaßen *Erste* werden, ist offen und wird im Evolutionsprozess der Patchworkfamilie entschieden.

Die Orientierung an der Not der Kinder

Die Not der Kinder sollte das Patchworkpaar im Blick behalten. Es sollte davon ausgehen, dass die Kinder mit der Entscheidung ihrer Eltern nicht einverstanden sind. Die Trennung ihrer Eltern erleben sie als katastrophal. Die Idealisierung der Eltern als die Garanten der Sicherheit ihrer Welt und ihrer Zuversicht wurde ernüchtert, ihre Bilder der Eltern, die ihrer Lebensorientierung dienen, wurden erschüttert, ihre Identifikationen labilisiert. In den Bindungen zu ihren Eltern sind sie zerrissen. Sie versuchen, sie zu erhalten und zu behaupten. Das Patchworkpaar sollte damit rechnen, dass die Kinder deshalb schwanken – das eine Mal sind sie auf der Seite des Vaters, das andere Mal auf der Seite der Mutter. Die Amplituden und Frequenzen der offenen wie versteckten Parteinahmen wechseln. Die Kinder suchen Erklärungen; sie machen Schuldvorwürfe. Das Patchworkpaar sollte damit rechnen, dass sich die Kinder existenziell bedroht und strapaziert fühlen und sich unterschiedlich, je nach (unausgesprochener) Konfliktlage, verhalten. Den fremden Partner oder die fremde Partnerin ertragen sie das eine Mal vor allem aus Zuneigung und Treue dem einen Elternteil gegenüber – und ertragen ihn oder sie das andere Mal *nicht:* aus Zuneigung und Treue dem anderen, abwesenden Elternteil gegenüber. Der Partner oder die Partnerin wird als ein Eindringling erlebt, der ihre Fantasien und Wünsche vom Zusammenkommen ihrer Eltern aufstört und ihre Trauer und Enttäuschung über den Verlust der alten Familie verstärkt.

Das Patchworkpaar, so ist zu empfehlen, sollte sich gegenseitig unterstützen, die fluktuierenden Verfassungen der Kinder auszuhalten: ihren Kränkungen, Vorwürfen und Abweisungen wohlwollend zu begegnen, zu widerstehen und auszuhalten und sich nicht schuldbewusst und nachsichtig zu unterwerfen. Es sollte die Kinder geduldig für das neue familiäre Gefüge zu gewinnen suchen und sich von ihnen nicht einschüchtern lassen, wenn sie ihre Enttäuschung über den Zusammenbruch ihrer Hoffnungen mit ihrem Unmut und Ärger, ihrer Bockigkeit und ihrem Rückzug (Verweigerung) kommunizieren. Der Elternteil sollte sich darauf einstellen, seinen Lebensentwurf der Patchworkfamilie seinen Kindern (wohlwollend, geduldig und regelmäßig, so oft er infrage steht) gegenüber zu behaupten und zu erläutern – möglichst ohne sich bei ihnen zu rechtfertigen für die eigenen Schuldgefühle ihnen gegenüber.

Gegenseitige Erwartungen

Der Elternteil wird vom Partner oder der Partnerin erwarten, beim Umgang mit den eigenen Kindern unterstützt und entlastet zu werden. Das Engagement des Partners oder der Partnerin sollte gut besprochen werden. Prinzipiell ist zu empfehlen, dass der Partner oder die Partnerin nicht wie ein Ersatzvater oder eine Ersatzmutter *sofort* die vakanten Aufgaben des abwesenden Elternteils übernimmt und ihn (in den Augen der Kinder) aus dessen Rollen und Funktionen herausdrängt. Die Anwesenheit des Partners oder der Partnerin aufzunehmen und auszuhalten, ist für die Kinder schwierig genug. Der Partner oder die Partnerin ist gut beraten, sich zur Verfügung zu stellen und abzuwarten, um welche Aufgaben oder Hilfen die Kinder ihn oder sie bitten (Klärung von Fragen und Interessen, Durchsicht der Hausaufgaben, Hilfe bei den häuslichen Aufgaben, Unterstützung bei der Versorgung, bei Transporten). Welche Beziehungen sich einregulieren, welches Zutrauen sich entwickelt, ist offen – geduldiges, interessiertes, wohlwollendes Abwarten des Partners oder der Partnerin wäre die Haltung, die die Kinder nicht bedrängt, sondern *ihnen* die Aktivität der Beziehungsgestaltung zuweist.

Der Elternteil, davon kann der Partner oder die Partnerin ausgehen, fühlt sich von den Trennungsauseinandersetzungen (wahrscheinlich) erschöpft; die Unterhaltszahlungen sind inzwischen (endlich) eingerichtet, die Frequenzen der Absprachen im Dienste des Sorgerechts ausgehandelt, die Besuchsrhythmen der Kinder festgelegt. Die Schuldgefühle arbeiten im Elternteil weiter. Seine eigenen Eltern sind (möglicherweise) mit der Auflösung der Familie nicht einverstanden; sie halten Kontakt zu ihrem einstigen Schwiegersohn oder zur Schwiegertochter, worüber sie – möglicherweise – regelmäßig berichten und die Schuldgefühle (ihres Sohns oder ihrer Tochter) sehr lebendig halten. Die ehemaligen Schwiegereltern, weiterhin die von den Kindern geliebten Großeltern, beleben mit ihrem regelmäßig kommunizierten Interesse am häufigen Kontakt zu ihren Enkelkindern die für die

Mitglieder der Patchworkfamilie (unterschiedlich) irritierende und nicht leicht zu ertragene Koexistenz von Vergangenheit und Gegenwart.

Es hilft dem Elternteil nicht, seinen Schuldgefühlen mit irgendeiner Form der Klage oder der Rechtfertigung nachzugeben; sie sind, so bitter es ist, der Preis des Patchworks und müssen ertragen und nicht mit den Kindern geteilt werden. Von seinem Partner oder seiner Partnerin wird der Elternteil erwarten, von den eigenen Konflikten und von den Konflikten mit den Kindern (die die Lebenslage des Patchworks übelnehmen) entlastet zu werden; eine Vertiefung der Konflikte dadurch, dass der Partner oder die Partnerin den Unmut, Ärger und die Unzufriedenheit (über die Lebenslage des Patchworks) in der Gegenwart der Kinder kommuniziert, ist nicht hilfreich. Dem Patchworkpaar ist zu empfehlen, sich zu trauen, seine aversiven Affekte im intimen Gespräch (unter vier Augen) zu besprechen. Aversive Affekte sind – wie in anderen Beziehungen auch – im Patchwork der Normalfall. Sie gehören zu und entstehen aus unserer Widersprüchlichkeit – als Ausdruck der täglichen Erfahrung und Anstrengung, die *Fremdheit der Anderen* in sich zu sortieren und zu ertragen. Im Alltag des Patchworks, könnte man sagen, ist diese Anstrengung die stündliche Daueraufgabe.

Der Partner oder die Partnerin wiederum wird vom Elternteil erwarten, bei der Suche nach dem Platz im Gefüge des Patchworks solidarisch unterstützt und aufgenommen zu werden als ein zuerst fremdes, aber relevantes Mitglied, das beteiligt sein möchte am Familienalltag. Diese Inklusion auszuhandeln ist ein schwieriger Prozess – ein Vorbild könnte das Verhalten eines *Gastes* sein. Der Gast, der sich vom Gastgeber oder der Gastgeberin aufnehmen lässt – mit der Aufforderung: *Fühlen Sie sich wie zu Hause!* –, wartet ab und beobachtet, welche Räume der Familie ihm gewährt werden; klugerweise wird er der Aufforderung behutsam nachkommen. Der Partner oder die Partnerin ist allerdings der Gast, der das Zuhause nicht verlässt, sondern sich dort einrichtet. Er oder sie ist, mit anderen Worten, ein *sehr* empfindlicher Gast, der beachtet und versichert werden möchte in seiner Existenz; er oder sie möchte nicht im sprichwörtlichen Regen stehen und vergessen werden. Er oder sie wird viele Fragen an den Elternteil haben, um die Intimität der von den Kindern besetzten Räume nicht zu verletzen mit einer unbeabsichtigten Invasion. Er oder sie wird sich großzügiges Entgegenkommen wünschen beim Einrichten der eigenen Räume.

Wie fängt man den Patchworkalltag an?

Ein Vorschlag

Gesellschaften haben ihre Rituale des Anfangs und des Übergangs. Die Ehe wird mit der Deklaration der Standesbeamtin beglaubigt. Der Jahresbeginn wird begrüßt und gefeiert. Die Vereinsversammlung wird mit der Begrüßung der Mitglieder eröffnet. Nach der Seitenwahl pfeift der Schiedsrichter oder die Schiedsrichterin das Fußballspiel an. Wie könnte das Anfangsritual einer Patchworkfamilie aussehen?

Das Patchworkpaar könnte den Ort und die Zeit für ein regelmäßiges Ritual festlegen: das Abendessen zum Beispiel. Natürlich wurde zuvor nach dem günstigsten Zeitpunkt gesucht, an dem alle Mitglieder der Familie anwesend sein können. Das Abendessen bietet sich als Ritual der Patchworkfamilie an: zum Auftakt, zur Erläuterung des künftigen Familienlebens und zur Einrichtung einer sicheren Gelegenheit zum Austausch und zur Durchsprache der gemeinsamen und der einzelnen Angelegenheiten, Ideen, Interessen, Wünsche, Pläne, Projekte, Einladungen und Verabredungen. Das Abendessen als der gesellige Mittelpunkt zum Klönen, Diskutieren, Kritisieren und Streiten.

So könnte das Patchworkpaar sein Ritualprojekt vorstellen, vorschlagen, diskutieren, abstimmen, einführen und festlegen. Das Patchworkpaar müsste seine Vorstellungen dazu erläutern. Es soll der Selbstpräsentation der Mitglieder der Patchworkfamilie und der Erörterung der Beziehungen dienen. Das Patchworkpaar beginnt. Der Elternteil erläutert seinen Kindern – während der Partner oder die Partnerin aufmerksam zuhört – das Konzept der relativierten Elternschaft und die Arbeitsteilung, wer sich wie um was kümmert. Er wird, so ist zu empfehlen, seine und die Position (Platz) des Partners oder der Partnerin beschreiben; er wird die verschiedenen Bereiche und Aufgaben nennen; er wird die Vermeidung des *Stiefs* oder der *Stief* erläutern und den Vornamen des Partners oder der Partnerin als Anrede vorschlagen. Er wird erklären, dass sie beide es begrüßen, wenn die Kinder einen regelmäßigen Kontakt zum andern Elternteil halten und ihn, wann immer sie es wünschen oder es verabredet ist, aufsuchen. Der Elternteil wird, wenn dafür Raum ist, die Geschichte des Elternpaares und vielleicht die Geschichte des neuen Paares erzählen.

Der Elternteil wird seine Kinder fragen, was sie fragen möchten. Vielleicht möchten sie auch die Geschichte des Partners oder der Partnerin kennenlernen. Das Patchworkpaar sollte sich darauf eingestellt haben, genaue und aufrichtige Antworten zu geben, um auch ein Vorbild für Fairness und Redlichkeit einzuführen. Beim Sprechen über den abwesenden Elternteil sollte das Paar drei Orientierungen folgen:

1. die Bindungen der Kinder schützen
2. ihr gutes Bild vom abwesenden Elternteil erhalten, indem weder Schuldvorwürfe gemacht noch Kränkungen und Verletzungen nachgekartet noch negative Etikettierungen kommuniziert werden
3. den Kindern nicht die Wahrheit des Patchworkpaares aufdrängen, sondern ihnen überlassen, *welche* Wahrheit über ihre Eltern sie für *sich* herausbilden

Die eigene Wahrheit der Kinder zu tolerieren und nicht (wie auch immer) zu bekämpfen – auch wenn es dem Elternteil und/oder dem Partner oder Partnerin schwerfällt –, sollte die Umgangsregel für das Patchwork sein. Man muss den eigenen Kindern zutrauen, dass deren Realitätssinn (in etwa) dem Realitätssinn ihrer Eltern entspricht und ausreicht. Wobei es natürlich dann kompliziert wird, wenn getrennte Eltern ihre kontroversen, divergenten Wahrheiten behaupten und wenn deren Partner oder Partnerinnen wiederum andere divergente Wahrheiten vertreten. Aber auch dann ist zu empfehlen, den Kindern die Freiheit zu lassen, sich für ihre Lesart der Geschichte ihrer Eltern und ihrer eigenen Geschichte zu *entscheiden und damit zu leben*. Es ist möglich, dass diese Prozesse der Selbstorganisation einen Riss in der Beziehung der Kinder zu ihren Eltern hinterlassen – eine nicht auszuräumende, nicht zu klärende Hypothek, die auszuhalten zu einer nicht einfachen Lebensaufgabe der Mitglieder des Patchworksystems wird. Wobei, allgemein gesprochen, das Nichtbesprochene auch eine existenzielle Dimension des Lebens ist – wir müssen darauf hoffen, dass es uns gelingt, das für uns Wichtige gesagt zu bekommen.

Rituale haben eine Form; sie haben Regeln und Rhythmen des Ablaufs. Für das Ritual des Abendessens könnte das Patchworkpaar die Regeln erläutern, diskutieren und vereinbaren: *Alle* Mitglieder der Familie sollten zustimmen und sich zur Einhaltung verpflichten.

1. Anwesenheit: Wer kann, findet sich ein. Regelmäßige Anwesenheit sollte das gemeinsame, geteilte Ziel sein.
2. Wer anwesend ist, hält das gemeinsame Abendessen aus. Manchmal gibt es unerträgliche Situationen. Eine Auszeit zu nehmen, sollte gestattet sein. Ebenso sollte gestattet sein, den Wunsch nach einer Auszeit später zu besprechen und zu klären.
3. Aufrichtigkeit und Wahrhaftigkeit werden erwartet. Verschweigen ist gestattet; es dient dem Selbstschutz. Lügen sind wahr in dem Sinne, dass sie auch dem Selbstschutz dienen. Es gibt keinen Geständniszwang. Zu hoffen ist, dass das Bedürfnis, sich in der Runde des Abendessens zu schützen, nachlässt und dass das Bedürfnis sich zu schützen später ausgesprochen werden kann.
4. Jeder hat etwas zu sagen. Jeder Beitrag zählt. Jedem Beitrag wird zugehört. Es gibt keine Zensur der Ideen und Themen. Es gibt keine Noten.

5. Gefühle sind wahr und werden nicht bestritten. Gefühle sind subjektiv und gehören zur Erlebnisweise des einzelnen Mitglieds der Patchworkfamilie. Subjektivität wird erwartet, gewünscht und gefördert. Sie stört nicht, sondern hilft – auch wenn es schwer ist, Gefühle und deren Kontexte zu besprechen.
6. Kränkungen und Beschämungen (welcher Art auch immer) sollten besprochen und (einigermaßen) geklärt werden. Kränkungen und Beschämungen sind Affekte des Selbsterlebens; sie sind wahr und können nicht bestritten werden – auch wenn sie aus anderer Perspektive unverständlich sind. Sie sollten stets möglichst schnell besprochen und beruhigt werden. Darin sollten alle Mitglieder ermutigt werden; wer sich nicht traut, sollte darin unterstützt werden.
7. Rituale werden dann lebenstragend, wenn sie gepflegt werden. Der Elternteil und sein Partner oder seine Partnerin haben sich gegenseitig verpflichtet, an der Pflege des Rituals festzuhalten. Pünktlichkeit ist Pflicht; Anwesenheit ist Pflicht. Abweichungen von dieser Regel müssen als Ausnahmen gut begründet werden. Eine Ausrede hören die Kinder sofort heraus; einen Betrug finden sie heraus. Behauptete, nicht eingestandene Unredlichkeit zerstört die Sicherheit einer Beziehung. Eltern sind Vorbilder für Redlichkeit und Wahrheit. Relativierte Elternschaft ist ebenfalls ein Vorbild für Redlichkeit und Wahrheit.

Aus dem Innenleben von Patchworkfamilien

Aufreibendes Beziehungsmanagement: Der Elternteil

»Habt ihr das mit Papa schon abgesprochen?«, fragt Christa ihre beiden Söhne, die am Abend eine Diskothek aufsuchen und, weil der Heimweg für sie kurz ist, bei ihrem Vater im Nachbarort übernachten wollen. Wolfgang, ihr Partner, beobachtet Christa, wie sie mit ihren Jungen spricht, und hört aufmerksam zu. *Habt ihr das mit Papa abgesprochen?* – eine beiläufig klingende Frage – ist das Resultat eines komplizierten Beziehungsmanagements: Die Mutter spricht zu ihren Söhnen über deren Vater in Gegenwart ihres Mannes, dessen Anwesenheit selbstverständlich (als Mitglied der Patchworkfamilie) und zugleich nicht selbstverständlich (als Fremder angesichts der Intimität der Beziehung der Mutter und ihrer Söhne) ist. Zu vier Personen muss Christa gleichzeitig die Beziehungen halten: zu ihren Söhnen, zum abwesenden Vater und zu Wolfgang. Ihre Söhne nehmen auf, wie ihre Mutter in Gegenwart ihres Partners von ihrem Vater spricht. Ihr Partner nimmt auf, wie seine Frau über ihren geschiedenen Mann in seiner und in der Gegenwart ihrer Söhne spricht. Unausgesprochen und vielleicht auch nicht bewusst, steht Christa auf dem Prüfstand ihrer Integrität und ihrer Beziehungsfähigkeit: Spricht sie anders, wenn sie allein mit ihren Söhnen oder wenn sie allein mit Wolfgang ist? Unausgesprochen und möglicherweise nicht bewusst, beobachten die drei Beteiligten diese Szene und vergleichen sie mit vergangenen Szenen familiärer Kommunikation von Christa.

Christa balanciert das Beziehungsgefüge aus. Der *Papa*, an den sie ihre Söhne erinnert, ist die Vokabel der Anrede *vor* der Scheidung, als die alte Familie noch bestand – die alte, vertraute Form des Sprechens, mit der Christa keinen deutlichen Unterschied zur familiären Wirklichkeit des Patchworks macht. Vielleicht macht sie damit ein Zugeständnis an ihre Söhne, die sie an den Unterschied nicht erinnern möchte, weil die Gegenwart der Patchworkfamilie für sie schmerzlich ist; vielleicht ist sie von ihrem Mann innerlich noch nicht ausreichend getrennt und bewegt sich, obgleich in der Gegenwart anwesend, symbolisch (Papa) und imaginativ (in den damit evozierten Erinnerungen) in der Vergangenheit ihrer alten Familie; vielleicht ist sie unsicher und weiß nicht, wie sie Wolfgang in das Beziehungsgefüge einbeziehen kann. So wendet sie sich ihren Söhnen zu und schließt für einen Moment ihren Partner aus der Gegenwart der Patchworkfamilie aus.

Variieren wir Christas Frage. »Habt ihr euch mit eurem Erzeuger abgesprochen?«, wäre die Frage, die einen deutlichen Unterschied macht, weil Christa damit Partei ergreift – gegen den Vater, mit dem sie nichts mehr zu tun haben möchte, und für ihren jetzigen Mann. Gleichzeitig zwingt sie ihre Söhne, ebenfalls Partei zu ergreifen (wahrscheinlich, kann man vermuten, werden sie innerlich ihren Vater verteidigen). Vielleicht möchte sie bei ihrem geschiedenen Mann, den sie innerlich bekämpft und so an ihm festhält, offene Rechnungen begleichen, indem sie ihre Söhne gegen ihn aufzubringen versucht (wahrscheinlich, kann man vermuten, wird sie ihre Söhne irritieren). Vielleicht möchte Christa Wolfgang gegenüber besonders solidarisch sein, da sie weiß, dass er mit der gegenwärtigen Lebensform nicht so glücklich ist. Allerdings bezahlt sie jetzt ihre Solidarität mit dem Preis der Exklusion des abwesenden Vaters, attackiert die Beziehung der Söhne zum Vater und verstärkt deren Ambivalenz gegenüber ihrem Partner, womit Christa wiederum ihren Konfliktpegel erhöht.

»Habt ihr das mit eurem Vater abgesprochen?«, wäre die Frage, mit der Christa einen Unterschied zwischen der alten und der neuen Lebensform macht: Sie markiert die Getrenntheit – ihren Söhnen, ihrem Mann und ihrem geschiedenen Mann gegenüber – und platziert den Vater ihrer Söhne in den gegenwärtigen Kontext des Patchworksystems.

Für diese kurze Frage an ihre Söhne, wie sie ihre Übernachtung regeln wollen, muss Christa die empfindliche Balance in ihrem Beziehungsgefüge austarieren:

1. die Beziehung zu ihren Söhnen halten, ohne in deren Identifizierungen und Idealisierungen des Vaters das Bild ihres geschiedenen Mannes zu bekämpfen
2. den Söhnen die Wirklichkeit der Getrenntheit der beiden Patchworkfamilien erneut vermitteln und zumuten
3. die Beziehung zu ihrem geschiedenen Mann erhalten, mit dem sie das Sorgerecht teilt, und ihn in seiner Funktion als Vater zu markieren
4. die Beziehung zu ihrem jetzigen Mann stärken, indem sie ihn einbezieht und nicht ausschließt.

In der Gefahr des Beziehungsgefälles: Das Paar

»Ich halte das nicht mehr aus«, beklagt sich Elmar, Gabys Partner, »ich bin das leid wie kalte Pappe«. Er meint das von ihren Söhnen in den verschiedenen Räumen angerichtete Durcheinander, da er vorfindet, wenn er nach Hause kommt, in dem er weder *seine* Ordnung noch *seinen* Platz wiederfindet und das Gefühl hat *zu ersticken.* Gaby kocht. »Was willst du von mir hören?«, fragt sie. Er antwortet: »Dass du deinen tollen Burschen sagst, dass sie sich nicht so ausbreiten sollen. Wenn ich daran denke – schon auf dem Heimweg zieht sich bei mir der Magen zusammen.« »Beklag' dich nicht«, ermahnt ihn Gaby.

Jetzt ist sie solidarisch mit ihren Söhnen; so schnell lässt sie nichts auf sie kommen. *Komm, berappel dich, Elmar! Du bist nicht mein drittes Kind,* könnte man Gabys Ermahnung übersetzen; ihr Mann läuft Gefahr, mit seinem (passiven) Klagen seine Position als ihr Mann zu verlieren, indem er sich klein macht. »Sag ihnen das selbst«, empfiehlt Gaby. »Mach ich auch«, stimmt ihr Elmar (mürrisch-verbissen) zu. Er kann sich nicht, dämmert ihm, hinter seiner Frau verstecken, sondern muss ihren Söhnen entgegentreten und ihnen gegenüber seinen Wunsch, einen eigenen Platz in der Patchworkfamilie zu haben, durchsetzen.

Wieso, könnte man fragen, ist Gabys Partner so hilflos, so gehemmt? Elmar bewegt sich widerwillig in der Patchworkfamilie. *Er fühlt sich nicht richtig zu Hause.* Er zweifelt an seiner Position. Wer ist er in dieser Familie? Obgleich mit Gaby verheiratet, empfindet er sich nicht als *ebenbürtig*. Er ist nicht der Vater. *Das macht ihm zu schaffen.* Damit hatte er nicht gerechnet. Gabys geschiedener Mann ist mehr in seiner inneren Welt anwesend, als er erwartet hatte. Nehmen ihn Gabys Söhne überhaupt für voll? Er, der kinderlose *Kerl*? Wieso eigentlich? Wieso hat er keine Kinder? Was hält Gabys *Ex* von ihm? Darf er überhaupt Gabys Söhnen sagen, was er sich von ihnen wünscht? Er spürt den Vater im Rücken. Was würde der Vater dazu sagen, fragt er sich unsicher-ängstlich. Würde der ihm auf das sprichwörtliche Dach steigen? Ihn auslachen? Schmunzeln? Ihn verachten? Elmar, Gabys Partner, so kann man an dessen Bewegungen im inneren Dialog ablesen, ist mit dem Vater sehr beschäftigt; er ringt um seine innere Position ihm gegenüber; er entwertet sich; er hadert mit sich; er ärgert sich. *Er klagt über seine Ohnmacht.* Er braucht den Zuspruch seiner Frau, sagt er sich. Andererseits, so wird im klar, ist er dabei, Gabys jüngster Sohn zu werden. Du meine Güte! Kann er darüber mit ihr sprechen?

Natürlich kann er das; er muss sich trauen. Das ist natürlich schnell gesagt, aber schwergetan. Was steht dagegen? Sein Stolz. Kann man sich Jungen gegenüber, denen man viele Jahre voraushat und die gerade in der Pubertät sind, unterlegen fühlen? Kann er sich dieses Gefühl zugestehen? Was würden die von ihm denken, wüssten sie über seine Skrupel Bescheid? Er würde doch gegenüber ihrem Vater miserabel abschneiden? Aber warum will er ebenso gut aussehen wie ihr Vater? Wieso konkurriert er *so*?

Da muss er weiter in sich gehen. Und wieso fühlt er sich Gaby gegenüber klein, die in ihm einen Erwachsenen erwartet und ihn als einen Erwachsenen behandelt? Hat er sich übernommen – mit seiner Fantasie des *Retters seiner Prinzessin?* Ist Gabys Mutterschaft sein Problem für die Beziehung zu ihr?

Erwachsensein, könnte man Elmar (zum Trost) sagen, ist ein Lebensprojekt, vor allem ist man es nicht *ständig.* Man muss sich immer wieder dazu aufraffen, sich anstrengen, um sich erwachsen (zivilisiert, nachdenklich, vernünftig, vorbildlich, einigermaßen unabhängig) zu verhalten. Wenn er den Mut aufbringt, über seine Not zu sprechen, würde sich Elmar vorbildlich – erwachsen – verhalten. Gaby würde ihn vielleicht verstehen und ihn weiter ermutigen. Vielleicht könnten beide erörtern, dass er sich in der Patchworkfamilie als der Zweite *fühlt* – und dass aber für Gaby, anders als für ihn, diese Tatsache des Patchworks (nicht der Vater zu sein) eine Selbstverständlichkeit und keine Herabsetzung von ihm ist. Das Paar der Patchworkfamilie hat nun einmal eine schiefe (asymmetrische) Beziehung zueinander, aber das ist nicht zu ändern; das Paar muss für sich eine Beziehungsbalance finden. Außerdem, könnte Gaby ihm sagen, wird es sicherlich noch viele Gelegenheiten geben, *Erster* in der Wahrnehmung ihrer Söhne zu sein; in ihrer Wahrnehmung ist er für sie ja schon Erster. *Der Vater bleibt der Vater; der Partner nimmt eine andere Position ein.*

Wie so oft im Leben hat man sich in eine Entscheidung gestürzt, deren ganze Wahrheit und Wirklichkeit – man könnte auch sagen: deren Implikationen – man reichlich spät erfährt. Die sprichwörtlichen Schuppen fallen einem eben leider nicht sofort von den Augen. Die Wahrheit und Wirklichkeit des Patchworks ist, dass man sich in einer familiären Wirklichkeit einzurichten anstrengt, deren Komplikationen erst nach und nach deutlich werden. Wie so oft im Leben handelt man erst und fragt sich dann und überlegt, worein man geraten ist.

Der abwesende Elternteil ist jedenfalls (überraschenderweise) ständig da – im Kopf der Partnerin oder des Partners als eine Art unsichtbaren Schiedsrichters, der darüber wacht, was mit seinen Kindern geschieht. Wahrscheinlich ist es eher das Gefühl einer Befürchtung als einer Wirklichkeit: auf einem imaginativen Prüfstand (von den Kindern) beobachtet und bewertet zu werden. Das Gefühl ist lästig, aber verständlich. Denn die Partnerin oder der Partner kommt sich wie ein Eindringling vor – in die Gegenwart der Vergangenheit der Intimität des jetzt getrennten Elternpaares. Die Vergangenheit ist auf seltsame Weise gegenwärtig. Das wiederum, kann man der Partnerin oder dem Partner sagen, ist verständlicherweise schwer zu sortieren und auszuhalten. Mit dem Gefühl, ein Eindringling in die Intimität des alten Paares zu sein, bewegt man sich – wenn man sich gut erinnert – auch in einem alten, vertrauten Kontext: in der Intimität des eigenen Elternpaares, als man sich als Kind hier und da für Momente – beispielsweise – in das Schlafzimmer oder ins Bett der Eltern hineinschmuggelte.

Versteckte Konflikte und schwierige Botschaften

»Du schmatzt!«

Kinder haben nicht immer die besten Tischmanieren. Gabel und Messer sind unhandlich – eher Geräte zum Jonglieren; die Ellenbogen sind nicht an den Körper gepresst, sondern dienen als eine Art ausgebreiteter Stütze wie das auseinander gespreizte Gestell eines Stativs; die Sitzhaltung ist krumm mit einer ziemlich tiefen Beugung über den Teller – kurz: die Ess-Eleganz der noblen Herrschaften aus *Downton Abbey* ist weit entfernt. Wahrscheinlich geht es im Patchwork selten elegant zu. Die Kinder am Abendtisch sind für die Partnerin oder den Partner – vielleicht – die beneideten Repräsentanten des Entwicklungsaufschubs mit ihrer fröhlichen, unbeschwerten Handhabung des Bestecks. Früher, vor einigen Jahrzehnten, war der Drill mit dem Besteck noch gängige Tischübung; heute hat möglicherweise der Drill nachgelassen, wobei der Erfolg der TV-Serie *Downton Abbey* (Regie:

Brian Kelly et al.; UK 2010–2015) auch mit dem Vergnügen am Beobachten des Drills und der Gedrillten zu tun hat; selber möchte man sich vielleicht nicht immer so zusammennehmen müssen.

Jedenfalls platzt beim Abendessen Alexandra, die Partnerin, mit dem Vorwurf gegen den zehnjährigen Julius heraus: »Du schmatzt!« Ein mächtiger Vorwurf, der in die Intimität des Jungen buchstäblich hineindonnert und ihn kränkt und/oder beschämt. Alexandra, muss man vermuten, hat sich lange und intensiv geärgert, bis sie sich Luft verschaffte, weil sie ihren Affekt nicht mehr aushielt. Was hat sie gestört? Versuchen wir uns einzufühlen.

1. Die Heftigkeit des Affekts ist patchworktypisch. Offenbar wurde er lange kontrolliert und unterdrückt. Irgendwann war der Moment erreicht: Da *musste* er herausgetrompetet werden. Die Heftigkeit des Affekts ist die Folge der zunehmend unerträglich gewordenen, erzwungenen Einpassung in die fremde Kultur der Patchworkfamilie. Alexandras Text ihres Affekts könnte man so übersetzen: *Ich halte es hier in diesem Moment nicht aus.* An wen hat sie den Text adressiert? An den anwesenden und an den abwesenden Elternteil. Deren Sozialisationskultur ihres Sohnes empfindet Alexandra als eine Zumutung. Das alte Elternpaar hat nicht dafür gesorgt, dass Julius' Essverhalten zu Alexandras Kultur passt. Unausgesprochen sagt sie: Dieses Ausmaß an (fremdem) Anderssein hinnehmen zu müssen, ist zu viel verlangt.
2. Natürlich kann man Alexandra auch empfehlen zu berücksichtigen, ob nicht ihr harscher Vorwurf an die Tischmanieren von Julius unterfüttert war von ihrem Impuls, das sprichwörtliche Haar in der Suppe zu finden, weil ihr die Suppe des Patchworks nicht immer schmeckt und sie einiges an den Koch zurückmelden möchte. Anders gesagt: Die eigene Lust zur Projektion – den Anlass zur partiellen Selbstreinigung zu finden und an einem Fremden zu exekutieren – sollte man in der affektiven Enge des Patchworks mit einkalkulieren.

3. Über Geschmack, heißt es, lässt sich nicht streiten. Natürlich kann man darüber streiten – eleganter wäre allerdings, darüber zu sprechen. Bei dem Gespräch sollte es nicht darum gehen: Welcher Geschmack zählt und bestimmt den Umgang? Sondern: Wo kommt er her und wie ist er entstanden? Geschmack ist ein Sozialisationsprodukt: die Übernahme der vermittelten Grenzen der in einer Familie gepflegten Kultur der Körperlichkeit. Zum Geschmack gehört ein Grenzen ziehender Affekt: der Ekel; er reguliert die Verletzung unseres Gefühls von Nähe, Vertrautheit und Sicherheit. *Du schmatzt!* ist der Aufschrei der Empörung über die zugemutete, als aufdringlich erlebte Fremdheit einer anderen (abgelehnten) Kultur.
4. *Du schmatzt!* ist, obgleich der Satz Julius vor den Kopf stößt, auch ein Annäherungsversuch: der als Vorwurf verdrehte Wunsch von Alexandra, Julius möge so sein wie sie, die sich vermutlich *mit* dem Jungen schämt über dessen Anderssein, mit dem er in ihre Kultur nicht hineingepasst – so ungelenk möchte sie sich nicht präsentieren.
5. So gesehen ist *Du schmatzt!* vielleicht auch der Aufschrei der Bewunderung für ein Anderssein, das sich Alexandra nicht zutraut.

Was nun? Alexandra hat ihren Vorwurf serviert. Betretene, erschrockene und überraschte Reaktionen am Abendtisch sind zu beobachten. Sie kann ihren Vorwurf nicht zurücknehmen; sie kann ihn auch schlecht besprechen – es ist zu schwierig am Tisch. Eine vorsichtige Rückwärtsbewegung ist ihr zu empfehlen. Alexandra erklärt (sich entschuldigend) die Heftigkeit ihres Affekts als überzogen – als (sinngemäß) die Folge der Verletzung ihrer lebenslang gehegten Geschmacksgrenze und als Überschätzung des Entwicklungsniveaus des Jungen. Julius folgt ihr vielleicht mit dem (sich entschuldigenden) Eingeständnis, dass er (sinngemäß) angesichts seines Vergnügens über seine Lieblingsspeise zu fröhlich-unbeschwert drauflos gekaut hätte. Julius erfährt, dass die Partnerin seines Vaters an ihm interessiert ist – wenn auch auf für ihn anstrengende Weise. Alexandra erfährt, wie fremd ihr die Kinder der Patchworkfamilie sind und wie schwer sie sie aushält. Wenn man sich fremd fühlt, mit der Kontrolle seines Affekts überlastet ist und unvorsichtig wird, kracht man schon einmal zusammen wie beim *Autoscooter* auf der Kirmes. Das ist zuerst peinlich, aber später, wenn man sich beruhigt hat, auch befreiend. Wir hoffen, dass Julius Alexandras Kränkung nicht (sehr) nachträgt.

Beulen und Verstauchungen holt man sich hier und da im Patchwork. Es ist eben ein reichlich unübersichtliches Terrain. Alexandra, könnte man sagen, ist sich ihrer relativierten Elternschaft noch unsicher. Wäre sie in einer Abendgesellschaft mit einigen unbekannten Gästen eingeladen, würde sie sich wahrscheinlich über einen Gast, der nachlässig isst, wundern, aber schweigen. Als Gast kennt man seine (gesellschaftlich erwartete) Haltung – zurückhaltend, vorsichtig, höflich und taktvoll. Schon als Kind lernen wir, uns beim Eintreten in einen fremden Haushalt – mindestens – *sorgfältig!* die Schuhe auf der Fußmatte abzutreten: der Auftakt zur Zurückhaltung – von Mutter oder Vater daran erinnert. So wurde einem die eigene familiäre Kultur beigebracht.

Beibringen ist – von den Erwachsenen intendiert und durchgesetzt – das Verbum fürsorglicher Gewalttätigkeit.[45] Es ist für ein Kind eine Art Unterricht mit Nachdruck. Worin sollten Kinder unterrichtet werden? Was wünschen die Eltern von ihren Kindern? Was sollten sie können? Die Lehrpläne der Schulen und die Lehrpläne für die beruflichen Ausbildungen sind ausgearbeitet. Welche Pläne und Wünsche haben Eltern? Die Antworten sind äußerst schwierig, sie setzen eine Bilanz der Erfahrungen mit den eigenen Eltern voraus: Worin war man mit ihnen einverstanden, worin nicht?

---

45 Die Formel paraphrasiert Heinrich Bölls Romantitel *Fürsorgliche Belagerung* (1979).

Eltern tauschen sich gewissermaßen (mehr oder weniger) synchron zum Entwicklungsprozess der Kinder darüber aus, wie sie ihre Eltern und wie sie sich damals zu der Zeit wahrnahmen und erlebten, in der ihre Kinder heute sind. Der Austausch synchron erinnerter Erfahrungen mit den eigenen Eltern fehlt dem Patchworkpaar (es muss ihn nachholen). Alexandra reagierte auf Julius *vor* einem Austausch mit Julius' Vater. Zu empfehlen gewesen wäre der Austausch zuvor über den Wunsch ihres Einspruchs zu den Tischmanieren von Julius. Hinterher weiß man es (manchmal) leider erst besser. Jedenfalls ist die Szene *Du schmatzt!* ein guter Anlass zu besprechen, was sich das Patchworkpaar wünscht. Relativierte Elternschaft bedeutet für die Partnerin und den Partner, sich zugunsten des Kindes zurückzunehmen, den Impuls sich einzumischen zu kontrollieren und ihn – so frühzeitig wie möglich – mit dem Elternteil abzustimmen. Möglich, dass der Elternteil sich einen Einspruch zu Julius' Verhalten schon immer wünschte. Wahrscheinlich, dass Alexandras heftiger Einspruch weniger kränkend ausgefallen wäre, hätte sie ihn zuvor mit dem Elternteil abgestimmt.

»Die gehen dauernd an meine Sachen!«

In der Patchworkfamilie werden zwei Haushalte zusammengeführt. Wenn wir davon ausgehen, dass der alte Haushalt in der vertrauten Umgebung weiter verbleibt, dann kommt der Haushalt des Partners oder der Partnerin hinzu. Stellen wir uns, um es anschaulich zu machen, die typische Patchworkfamilie vor: Elternteil mit zwei Söhnen, kinderloser Partner. Sie heißt Claudia, er Georg. Im Geschirrschrank stehen jetzt seine neben den alten Gedecken; in den Schubladen wird das neue mit dem alten Besteck vermischt. Möbel kommen hinzu; neue Textilien füllen die Schränke auf. Nach einiger Zeit können die Kinder vielleicht gar nicht mehr unterscheiden, was vom Elternteil oder vom Elternpaar stammt und was vom Partner. Manche Dinge fallen vielleicht auf, weil sie bislang nicht zur Ausstattung des Haushalts gehörten: die umfangreiche Sammlung an Töpfen und Pfannen, der breite Plasmafernseher, der DVD-Spieler, die stattliche DVD-Sammlung, die Auswahl an Büchern und Zeitschriften, der eingesessene Lesesessel, die Garnitur alter Stühle, die verwitterte Truhe mit den Vinylplatten, die an Komponenten reiche, altmodische Stereoanlage. Die Kinder registrieren die Neuzugänge mit stiller Begeisterung: Mit einem Schlag ändert sich das Unterhaltungsprogramm in der Familie. Georg sieht schon das vergnügte Händereiben der Kinder, wie sie sich vorstellen, sich über seine Geräte und Dinge herzumachen – am besten in seiner Abwesenheit. Bei dem Gedanken zuckt Georg zusammen; so hatte er das nicht beabsichtigt. Bewunderung seiner Sachen aus der (museumsgewohnten) Entfernung schon – Benutzung nein; da möchte er gefragt werden. Was macht er? Er presst die Lippen und die Kiefer aufeinander, unterdrückt sein Entsetzen und verschweigt seine Empfindlichkeit. Er wird – sagt er sich im inneren Dialog – *höllisch* aufpassen. Der Vorsatz ist treuherzig. Der kinderlose Georg muss noch einiges lernen. Kinder sind wieselflink. Sie folgen ihren Impulsen blitzschnell. Wenn er sich nicht vor die Geräte stellt, kommt er zu spät. Aber als seniler *Pingel* möchte er auch nicht gesehen werden. Er wartet ab. Was er befürchtet hatte, geschieht. Er komm zu spät. Ihm bleibt nur die an Claudia adressierte Klage: »Die gehen dauernd an meine Sachen!« »Musst du ihnen sagen«, antwortet sie mit lässigem Spott. Georg knurrt über die von ihm verlangte Anstrengung. Wieso muss er sich so verteidigen?

Wir leben in unseren Dingen, deshalb sind wir sehr empfindlich für die unbedachten Invasionen in unsere (unsichtbaren) inneren Welten. Die Dinge repräsentieren und gehören zu unserer Lebensgeschichte (wann, wo und wie gekauft) und zu unserem Lebensentwurf (welchen Platz möchten wir mit ihnen einnehmen im eigenen Leben und im gesellschaftlichen Gefüge?). Wie kann Georg seine Lebensgeschichte und seinen Lebensentwurf erläutern? Es geht nicht. Es ginge vielleicht, wenn er viel Zeit und Raum hätte, Claudias Söhne von sich zu erzählen. Aber es geht nicht, wenn er sich in der Defensive (gegenüber den Jungen und Claudia) fühlt. Was kann man Georg raten? Claudia hatte ihm gesagt, dass er froh sein sollte, wenn ihre Jungs sich für seine Dinge interessieren. Ja, hatte er ihr im Stillen zugestimmt, interessieren schon, aber nicht anfassen. Warum sollte er ihnen etwas geben, was ihr Vater ihnen nicht gegeben hat? *Fremden Kindern?* Die Kinder, könnte er sich sagen, sind auch Claudias Söhne. Ihr zuliebe könnte er zu ihnen großzügig sein und seine Geräte anbieten. *Was habe ich davon?* könnte Georg sich fragen, *was bringt mir das?* Zuerst ein gutes Bild in Claudias Wahrnehmung.

Geben ist eine kulturelle Leistung – innerhalb wie außerhalb der Familie, national wie international. Zu teilen oder abzugeben ist nicht einfach und muss man lernen. Schon wenn es beim Abendessen darum geht, wer als Erste oder Erster zugreifen darf, muss man sich – mit einer leichten, feinen Anstrengung – zurücknehmen, bevor man sagen kann: *Nimm du zuerst!* Jemand hält sich zurück und teilt oder macht den ersten Schritt und gibt. Ob ihre oder seine Handlung honoriert wird, ob sie oder er etwas zurückbekommt, ist offen, aber wahrscheinlich. Denn wir haben ein tiefes Gefühl für den gerechten Ausgleich – für Fairness.[46] Im Allgemeinen bekommen wir etwas zurück. Im noch nicht so alten Sprachgebrauch *revanchierten* wir uns für eine Einladung und offerierten die Gegeneinladung. Eine Einladung quittierte man früher möglichst mit einem auf den Anlass und Rahmen der Einladung abgepassten Geschenk, das dann als *kleine Aufmerksamkeit* übergeben wurde, was eine mächtige Untertreibung war, denn zuvor war gründlich diskutiert worden, was angemessen wäre *mitzubringen.* Es wurde also genau kalkuliert, die Großzügigkeit einer Einladung zurückzugeben. Die richtige Geste des Danks wollte man nicht schuldig bleiben. Heute hat sich die hu-

46 Auf dieser Überzeugung fußt Ivan Boszormenyi-Nagys familientherapeutische Konzeption (1992).

morlose, bissige Kultur des Verrechnens – vielleicht – gemildert; es geht auch ohne die kleine oder große Aufmerksamkeit; man muss nicht mehr tagelang überlegen. Wir leben (vielleicht) in einer Zeit, in der das strenge (unbarmherzige) Gewissen seine Einspruchskraft verliert.

In der Patchworkfamilie ist Georg eine großzügige Haltung zu empfehlen. Das kalkulierte Zurückgeben behindert und entfremdet ihn in seinen Beziehungen. Ein Alltagsbeispiel: Claudia, ihre Söhne und Georg haben abends außerhalb gegessen. Der Verzehr muss bezahlt werden. Wer zahlt? Claudia für alle? Georg für alle? Claudia für ihre Söhne und für sich und Georg für sich? Oder haben Claudia und Georg eine gemeinsame Kasse und einer von ihnen zahlt die Rechnung?

Wir sind bei der Frage: Wer trägt im Patchwork die Kosten, die Claudia, ihre Söhne und Georg verursachen? Die Antwort – hinsichtlich der Kosten für die Söhne – erscheint zuerst einmal einfach zu sein: Es sind wie immer die Eltern. Sie teilen sich die Kosten. Der abwesende Vater unterstützt mit seiner Verpflichtung zu Unterhaltszahlungen entweder seine getrenntlebende Frau und seine Söhne oder, im Fall des eigenen Einkommens der Frau, nur seine Söhne. Die Verpflichtung und der Umfang der Unterhaltszahlungen sind gesetzlich geregelt. Was ist mit Georg, Claudias Partner? Zahlt Georg ein Viertel aller im Haushalt und bei den Bewegungen/Aktivitäten der Patchworkfamilie anfallenden Kosten? Zahlt er die Hälfte aller anfallenden Kosten? Zahlt er die Hälfte der Kosten, die das Paar verursacht? Angenommen Georg fährt die Patchworkfamilie in seinem Fahrzeug: Wie berechnet er die Kosten dieser Fahrt? Nur das Benzin? Halbiert oder geviertelt? Legt er die Betriebskosten seines Fahrzeugs um? Dessen Anschaffungspreis? Wie rechnet er? Oder rechnet er gar nicht?

Eine, sagen wir, spezifische Kostenermittlung und Kostenabrechnung für eine Patchworkfamilie wären ein unerfreuliches, unergiebiges, unmögliches Unterfangen. Es läuft auf die eine Tatsache hinaus: Georg zahlt ins Patchwork ein. *Er gibt.* Er rechnet nicht nach, weil die Kosten der Patchworkfamilie zu ermitteln eine gegen die Familienmitglieder gerichtete, *destruktive Intention* wäre – gewissermaßen das ständige Aufquirlen des Patchworks aus seiner Sicht, seine ständige Klage über die befremdlichen Lebensverhältnisse, die ihm zugemutet werden. Er ist, das könnte sich Georg noch sagen, nicht der Einzige, der unter den Zumutungen des Patchworks ächzt.

Georg wird sich, so ist ihm weiter zu empfehlen, heraushalten aus den (möglichen) Auseinandersetzungen um den regelmäßigen, gesetzlich festgelegten Unterhalt: die sind Sache der Eltern. *Er wird sich nicht einmischen. Er wird nicht Partei ergreifen. Er wird, wenn nötig und möglich, mit seinem Geldbeutel ausgleichen. Er wird großzügig sein und die (möglichen) Differenzen des Elternpaares tolerieren.* Er wird sich nicht – in der Gegenwart der Kinder – zu Claudias Fürsprecher gegen den abwesenden Elternteil machen; das kann er unter vier Augen mit ihr. Er wird, so ist zu empfehlen, mit Claudia gemeinsam wirtschaften; als Patchworkpaar werden sie gemeinsam für die Kosten aufkommen; der Unterhalt des abwesenden Elternteils kommt in die gemeinsame Kasse. Er wird weder abfällige Kommentare noch ironische Andeutungen zum nicht ausreichend kooperierenden Elternteil (sollte dies der Fall sein) machen – ohne die Kinder in einen Loyalitätskonflikt und sich selbst in ein für die Kinder ungünstiges Licht zu bugsieren. Die Kinder sollten mit dem Grundgefühl ihrer (einigermaßen, nicht umstrittenen) gesicherten Existenz aufwachsen können. Die Söhne werden, diese Hoffnung kann Georg hochhalten, seine Großzügigkeit honorieren.

»Du bist immer so auf dem Sprung«

Du bist immer so auf dem Sprung, sagt Sven, der pubertierende Sohn, zu Werner, dem Partner des Elternteils. Werner stutzt, denkt nach und antwortet: *Stimmt!* Er ist Sven – zähneknirschend muss er es einräumen – irgendwie dankbar. Seit einiger Zeit wundert er sich, dass Sven wie das sprichwörtliche rote Tuch auf ihn wirkt. Sobald Sven etwas sagt, ist er dagegen und weiß es besser. Empfiehlt Sven einen Kinofilm, eine Lektüre oder eine Musik, kann er die Empfehlung schlecht aufnehmen. Wenn er gut auf sich aufpasst, merkt er: Sein erster Impuls auf eine Bemerkung Svens ist stets – wie ein Reflex – ein Widerspruch. *Komisch*, sagt er sich.

Manchmal denkt Werner über seine Neigung des verbalen Zuschlagens, als wollte er die Interessen des Jungen *zerstören;* er kommt sich so unbarmherzig vor, als hätte er es mit einem gleichaltrigen Erwachsenen zu tun, dem er regelmäßig dessen schlechten Geschmack wie mit einer *nassen Badehose* (wie sein Vater dazu gesagt hätte) um die Ohren haut. Er wundert sich; er kommt sich verbohrt vor; er tut dem Jungen Unrecht; und er macht sich bei Anne, dem Elternteil, die natürlich auf der Seite ihres Sohnes ist, ganz schön unbeliebt. Er hört das hier und da von ihr: *Du bist ein Terrorist*, sagt sie manchmal zu ihm unter vier Augen. Das wiederum passt nicht zu seinem Selbstbild, weshalb er Annes Bemerkung wegschüttelt wie ein Hund die Nässe aus seinem Fell. Aber sie geht ihm doch nah. Etwas ist dran, sagt er sich im inneren Dialog. Wird er zu einem psychiatrischen Fall?

Nicht unbedingt, könnte man ihm sagen, wenn du auf dich aufpasst und nachdenkst. Nehmen wir das *rote Tuch*. Es ist eine präzise Metapher. Es gehört zum Stierkampf und heißt dort: *muleta*. Die *muleta* ist rot oder rosarot, manchmal auf der Rückseite gelb. Ihre Farbe ist nicht wichtig, die Bewegungen des Tuchs zählen – die reizen den Stier. Das rote Tuch, könnte man sagen, verbirgt – im Fall der *muleta* – die Absicht, den Stier zu locken und zu töten. Das rote Tuch ist also kein freundliches Tuch. Wenn Werner Sven als rotes Tuch erlebt – was sieht er nicht? Was ist ihm verborgen? Dass er in Sven dessen (abwesenden) Vater *sieht*. Dass er in Sven dessen abwesenden Vater zu erreichen und zu bekämpfen sucht. Dass er heftig mit dem Vater konkurriert.

Dass er dabei regelmäßig ins Leere läuft – er erreicht ihn nicht, nur Sven. Und dass er Sven deshalb immer wieder zwingt, seinen unausgesprochenen, hartnäckig geführten, verbohrten, indirekten Wettbewerb mit dem Vater auszubaden.

Die Kinder, das ist wiederum patchworktypisch, repräsentieren den abwesenden Elternteil und halten ihn lebendig wie auf großen Transparenten (im Empfinden der Partnerin oder des Partners) – indem sie von ihm sprechen, an ihn erinnern, Auffassungen, Gedanken und Meinungen von ihm importieren, sich in der vater- oder mutterähnlichen Körpersprache (Gesten und Mimik) ausdrücken und ihrem Vater oder ihrer Mutter in ihrem Aussehen *ähneln*. So werden sie vom Partner als die Objekte *gefunden*, die für die projizierten, aversiven Affekte herhalten müssen. Man könnte auch sagen: Werner hadert mächtig mit seiner relativierten Elternschaft.

Du bist immer so auf dem Sprung! umschreibt die von Sven klug beobachtete oder erspürte aggressive Haltung des Partners seiner Mutter. Vielleicht wundert sich Sven, was der Partner hat und wem eigentlich die Aggressivität gilt. Vielleicht ahnt Sven, dass die Unbarmherzigkeit des Partners gar nicht so sehr an ihn, sondern vor allem an seinen Vater adressiert ist, der vergrault und vertrieben werden soll. Vielleicht ahnt er, dass die Unbarmherzigkeit ihm gegenüber auch eine versteckte Kontaktabsicht des Partners enthält, der um ihn wirbt als der bessere Vater.

Das allerdings, muss man Werner sagen, ist eine überzogene Hoffnung oder Fantasie seiner (relativierten) Elternschaft: Den Vater kann er weder verdrängen noch ersetzen; er kann nicht Vater werden, ohne der Vater zu sein. Er kann, wenn es gut läuft, eine andere, ihn vielleicht befriedigende Beziehungsform zu dessen Sohn finden. Neben dem Vater ist viel Platz. Möglich, dass er eine vaterähnliche Sehnsucht pflegt: Sven so nah zu sein wie ein Vater. Das aber, sollte er sich sagen, ist im Patchworkgefüge unangemessen und würde Sven überfordern. Er sollte Sven die Initiative überlassen, welche Nähe einer Beziehungsform er sich wünscht und sucht. Er sollte sich ihm nicht aufdrängen, aber vielleicht findet er heraus, was er Sven geben kann. Vielleicht kann er etwas von seinen Interessen abgeben, sie mit Sven teilen und ihm zugutehalten, dass Sven seinen Geschmack nicht teilen *muss*. Sven ist jünger und anders als er.

»Du hast mir nichts zu sagen!«

»Wenn du deine Sachen im Wohnzimmer nicht gleich wegräumst, nehmen wir dich nicht mit ins Kino«, sagt Gisela zu Julia, der Tochter ihres Partners. Julia revanchiert sich mit dem Satz der Verbitterung: »Du hast mir nichts zu sagen!« Der Satz sitzt. Gisela ist überrascht, schockiert, entsetzt und gekränkt. Julia hat ihr ein *Ungenügend* verpasst. Gisela versteht die Benotung als Hinauswurf: *Du hast hier nichts zu suchen!* Sie verstummt empört; der Affekt der Kränkung rast in ihr. Sie sackt in sich zusammen. In diesem Moment scheinen für sie ihr Lebensentwurf und ihre Zustimmung zum Patchwork auf dem Spiel zu stehen. Wie gewinnt sie ihre Fassung wieder? Und wie kommt sie mit Julia in einen erfreulichen (benignen) Kontakt?

Gemach, gemach, möchte man ihr zurufen, wir schauen uns den Satz der Tochter jetzt an und überlegen, wie Gisela ihr antworten kann.

1. *Du hast mir nichts zu sagen!* ist offenbar der Satz einer Not. Gisela steht Julia im Weg. Die Wirklichkeit des Patchworkpaares passt nicht zu Julias innerer Wirklichkeit und ihrem Wunsch, ihre Eltern zusammen zu sehen – Gisela und ihr Vater sind ihr ein fremdes Paar. Insofern ist Julias Satz *Du hast mir nichts zu sagen!* nicht nur an Gisela, sondern auch als Vorwurf an ihren Vater adressiert, die Mutter zugunsten von Gisela verraten zu haben. Julia ist mit der Wirklichkeit des Patchworks nicht einverstanden; sie hadert mit ihr; sie möchte sie rückgängig machen, womit sie einen zwar verständlichen, aber unmöglichen Wunsch hegt.

2. Julia ist in der Not ihres Loyalitätskonflikts: Schweigt sie zu Gisela, verrät sie ihre Mutter; schweigt sie nicht, bringt sie ihren Vater und Gisela gegen sich auf. Ihren Vater wird vermutlich vor allem Giselas Kränkung und die Frage ihrer Reparatur beschäftigen.
3. Möglich, dass Julia für Gisela Sympathien hegt. Sympathien für Gisela könnte Julia ebenfalls als Verrat an der Mutter erleben, weshalb ihr Satz *Du hast mir nichts zu sagen!* ihrer Grenzziehung zu Gisela dient im Sinne der Drohung: *Komm mir nicht zu nah!* Julias Satz sucht, die Partnerin ihres Vaters von sich wegzustoßen. Julia, könnte man auch sagen, markiert eine scharfe Differenz zu Gisela und riskiert zugleich den gravierenden Konflikt mit ihrem Vater.
4. Julia macht mit ihrem Satz *Du hast mir nichts zu sagen!* darauf aufmerksam, dass die Arbeitsteilung des Patchworkpaares – seine relativierte Elternschaft – unklar ist. Gisela hat mit ihrer Androhung einer Sanktion (kein Kinobesuch, wenn Julia nicht aufräumt) eine Aufgabe der Mutter übernommen. Gisela sollte penibel darauf achten, Funktionen und Rollen der Mutter nicht auszuüben und zu besetzen, weil sie damit das Konto ihrer relativierten Elternschaft überzieht. Sie ist – so schwer es fällt, sich mit dieser Position abzufinden – nicht zuständig.
5. Julias Satz *Du hast mir nichts zu sagen!* war wahrscheinlich als Kränkung adressiert und als Giselas Ausschluss intendiert; andererseits ist ihr Satz auch der Ausdruck ihrer Anstrengung, dem getrennten Elternpaar die Treue zu halten und ihr gutes Bild von ihren Eltern zu behaupten. Julia fühlt sich von Gisela in einen Konflikt mit ihrer Mutter gezogen: Sie möchte sich nicht von Gisela bemuttern lassen. Kinder sind treu, sollte Gisela sich immer wieder erinnern; sie opfern sich, wenn sie sich dazu gezwungen fühlen, für ihre Bindungen auf; sie setzen sich bei dem einen Elternteil ins Unrecht, um die Beziehung zum anderen Elternteil zu schützen.

6. Bis ein gutes Bild des neuen Paares in Julia ausreichend etabliert ist, wird Gisela Geduld mit sich und mit Julia aufbringen müssen. Das sollte nicht so schwer sein, wenn Gisela abschätzt, welche Belastungen und Konflikte den Kindern des Patchworksystems zugemutet werden.
7. Julias heftiger Satz *Du hast mir nichts zu sagen!* trifft Gisela sehr. Wenn es Gisela gelingt, ihr Gefühl, verletzt worden zu sein, in dem Sinne zu relativieren, dass sie in Julias Angriff einen (verdrehten) Kontaktwunsch vermuten kann, nähert sie sich Julias innerer Realität – Julias Wunsch, Gisela ihre tiefe Abneigung spüren und aufnehmen zu lassen in der Hoffnung, Gisela würde ihre Abneigung tolerieren und aushalten. Donald Winnicott sagte einmal, dass wir die lieben, die unseren Hass ertragen, ihn überleben und nicht mit einer Abwendung quittieren (2015, S. 105). Insofern ist Julias Satz auch ein Zeichen von Hoffnung: Sie riskiert (sicherlich nicht bewusst) die Kommunikation ihrer Abneigung und erwartet die *gute* (wohlwollende) Antwort. Julias harschen Satz sollte das Patchworkpaar großzügig quittieren.

Wie könnte Gisela antworten? »Du hast Recht«, antwortet sie, »ich bin nicht deine Mutter. Ich habe mich eingemischt. Das ist Sache deiner Eltern. Ich will dir nichts sagen oder vorschreiben. Wir *sprechen* miteinander«.

Familienarrangements der Inklusion und Exklusion bei Festen und der Beerdigung eines Elternteils

Weihnachten

Weihnachten (ersehnt und gefürchtet) als die *gesellige Feier zum innerfamiliären Schlüsselritual des Kirchenjahres*, so Albrecht Koschorke, mit seinem *Kinderglück am Weihnachtsabend* (2011,

S. 205), ist im Alltag des Patchworksystems das Fest der Ernüchterung. Die Verzauberung der Kinder angesichts der *Bescherung* mit den gelieferten, verpackten und verschnürten Dingen, die auf geheimnisvolle Weise ihren Weg unter den Tannenbaum fanden, verflüchtigt sich in den Gegenwarten der Patchworkfamilien, in denen das Elternpaar fehlt und die Elternteile nur nacheinander besucht werden können. Der weihnachtliche Zauber konnte nur realisiert werden in der (früher) von den Eltern garantierten familiären Umwelt. Das Patchworksystem, könnte man sagen, ist das Gegenprogramm: Nicht der Rückzug in die sich schützende Kleinfamilie zu Weihnachten findet statt, sondern das Weiterreichen der Kinder im Patchworksystem macht das Weihnachtsfest aus. Es sind die Tage der Belebung und der Balancierung des Verlusts der alten, aufgelösten Familie.

Weihnachten – das mit dem *Bildinventar der Heiligen Familie* (ebd.) ausgestattete Fest – ist auch der Test der familiären Bindungen und Loyalitäten der Kinder zu ihren Eltern. Die Kinder verlassen das elterliche Zuhause, werden Eltern und etablieren ihr eigenes Zuhause, in dem sie mit ihren Kindern Weihnachten zu feiern wünschen. Wie die erwachsenen Kinder mit den Eltern die gegenseitigen Wünsche, das Weihnachtsfest zu feiern, mit dem Test der Bindungen und Loyalitäten für alle befriedigend zusammenbringen, ist das jährliche Balancekunststück von Wünschen, Neigungen, Verpflichtungen und Möglichkeiten. Das Spektrum vom Prinzip fairer Rotation – wenn die Lebensverhältnisse von Eltern, Schwiegereltern und Kindern es gestatten – bis zum Prinzip des jährlichen Monopols einer Familie (an einem Ort) lässt viele Möglichkeiten der Abstimmung und Verständigung zu. Voraussetzung ist ein einigermaßen von Konkurrenz unbelastetes Beziehungsgefüge der Eltern, Schwiegereltern, Kinder und Schwiegerkinder.

Über dem Patchworksystem schwebt möglicherweise noch der (mehr oder weniger) große Schatten der Trennungsauseinandersetzungen. Je nach deren Qualität gibt es ein (gegenseitiges) familiäres In- und Ausland – mit entsprechendem konflikthaltigen Grenzverkehr. Das Weihnachtsfest ist dann eine Art Abfolge ritualisierter familiärer Staatsbesuche von Heiligabend über die nachfolgenden beiden Feiertage bis zu den folgenden Tagen – je nach der Größe des Patchworksystems. Besteht es aus zwei Familien, zu denen (möglicherweise) die zwei Großelternpaare sowie die beiden Elternpaare der Partner gehören, lassen sich die Besuche der Kinder auf die Weihnachtstage und die nachfolgenden Tage verteilen; besteht es aus mehr als zwei Familien, benötigt man möglicherweise Besuchstage *zwischen den Tagen* oder im neuen Jahr. Zu empfehlen ist ein Rotationsprinzip der Besuche. Die Kinder sollten an dem Aushandeln der Besuche am Heiligen Abend und an den Festtagen beteiligt werden. Verständlicherweise ist der Besuch des Elternteils am Heiligen Abend besonders bedeutsam. Den getrenntlebenden Elternteilen ist zu empfehlen, den Besuch ihrer Kinder nicht als eine Art Wettbewerb zu betreiben – wer richtet Heiligabend mit und für die Kinder aus? –, um sich zu entschädigen für die kränkenden Strapazen unerfreulicher Trennungsauseinandersetzungen. Weihnachten ist das familiäre Fest der Sehnsüchte und Wünsche der Kinder. Es könnte auch das Fest der Zusammenkunft der Paare des Patchworksystems sein – der behutsamen, nicht einfachen, aber (etwas) versöhnlichen (weihnachtlichen) Balancierung der familiären Vergangenheit und der familiären Gegenwart. Möglicherweise wäre für die Kinder die Zusammenkunft ihrer Eltern mit deren Partnern das Geschenk der Beruhigung.

Geburtstagsfeiern

Sie gehören ebenso zu den Balanceakten im Parcours des Patchworks. Im Patchworksystem vermehren sich die individuellen Ehrentage enorm. Nehmen wir ein einfaches Beispiel. In der einen Patchworkfamilie gibt es Elternteil, zwei Kinder, Partner. Der Einfachheit halber sind der Elternteil und der Partner Einzelkinder. Die andere Patchworkfamilie besteht aus Elternteil und Partnerin. Der Einfachheit halber sind der Elternteil und die Partnerin ebenfalls Einzelkinder. Wir haben *sechs* Akteure bzw. Akteurinnen: sechs Geburtstage. Nehmen wir noch die Eltern der Eltern und die Eltern des Partners und der Partnerin hinzu, haben wir *acht* weitere Akteure bzw. Akteurinnen und damit acht weitere Geburtstage. Insgesamt sind *vierzehn* Geburtstage zu berücksichtigen; sie wollen (irgendwie) realisiert werden.

Die Elternteile werden ihre Geburtstage getrennt feiern wollen – wenn wir davon ausgehen, dass ihre Begegnungen (noch) belastet und deshalb vermutlich strapaziös sind, weshalb sie sie zu vermeiden suchen. Die Kinder würden ihre Geburtstage mit ihren Eltern zusammen feiern wollen; sie respektieren die Wirklichkeit ihrer getrenntlebenden Eltern und feiern deren Geburtstage mit ihnen: getrennt und nacheinander. Aber vielleicht gelingt es dem (alten) Elternpaar (nach einiger Zeit), dem Wunsch ihrer Kinder zu folgen und Geburtstage gemeinsam zu feiern. – Partner und Partnerin werden ihre Geburtstage innerhalb ihrer Patchworkfamilien feiern. Was ist mit den Eltern der Eltern? Sie sind die Großeltern und erwarten ihre getrennten oder geschiedenen Kinder mit neuem Partner und neuer Partnerin und ihre Enkelkinder. Möglich, dass bei (großen) runden Geburtstagen die Großeltern die geschiedenen oder getrennten Partner ihrer Kinder einladen. Was dann?

Die Teilnahme am Geburtstagsfest hängt ab vom Stand der Trennungsauseinandersetzungen. Wird die Begegnung des alten Elternpaares erträglich für beide Elternteile sein? Wenn ja, könnten sie sich abstimmen, ob und wie der getrennte Elternteil die Einladung der einstigen Schwiegereltern und Großeltern annimmt. Den Kindern wird dies sehr recht sein; sie werden aufmerksam ihre getrennten Eltern beobachten, wie sie sich begegnen, sich begrüßen, sich austauschen, miteinander sprechen. Das einstige Elternpaar wird ihr Getrenntsein gegenseitig behaupten – sich auf diese Weise zu begegnen, bedeutet nicht, es aufzugeben oder sich wieder anzunähern. Möglich, dass im Prozess der Stabilisierung der Wirklichkeit seiner Getrenntheit sich das einstige Paar weniger stark befangen, dafür mehr persönlich begegnen kann, sodass es den Elternteilen gelingt, Aspekte oder Kontexte der Gegenwart und Vergangenheit zumindest anzudeuten oder vielleicht zu besprechen. Die Kinder, könnten sie diese Qualität des Umgangs ihrer Eltern beobachten, würden erleichtert sein. Bleiben noch die Eltern des Partners und der Partnerin. Sie werden jeweils mit ihren Kindern und deren Angehörigen ihre Geburtstage feiern.

Die Wirklichkeit des Patchworks hat auch eine Neuorganisation der Freundschaften und Bekanntschaften zur Folge. Freunde halten ihre Beziehungen entweder zu beiden getrenntlebenden Elternteilen und deren Angehörigen oder sie pflegen nur noch die Beziehung zu einem Elternteil und dessen Angehörigen. Geburtstage von Freunden und Bekannten sind Gelegenheiten, bei denen sich die getrenntlebenden Elternteile begegnen. Je nach Stand und Qualität der Trennungsauseinandersetzungen bitten die Elternteile ihre Freunde und Bekannte um die Exklusion des anderen Elternteils oder um die Information der Einladung des anderen Elternteils, um ihm nicht zu begegnen. Ebenso fragen Freunde und Bekannte bei Einladungen nach der Inklusion oder Exklusion des jeweils anderen Elternteils. Die Begegnung des anderen Elternteils zu vermeiden, ist nach einem schwierigen Prozess der Beziehungsauflösung verständlich und zugleich ein Hinweis auf die im Moment der Begegnung offenbar (noch) schwer durchzusetzende, prekäre, affektiv bedrohte Wirklichkeit des Getrenntseins. Auch hier ist dem alten, jetzt getrennten Elternpaar zu empfehlen, Begegnungen in den vertrauten Beziehungskontexten zu erproben, sodass die Wirklichkeit des Getrenntseins zu einer balancierten, konfliktarmen Selbstverständlichkeit wird.

Hochzeiten

Die Kinder der Patchworkfamilien werden erwachsen. Irgendwann überrascht ein Kind die Patchworkpaare mit seinem

Wunsch zu heiraten. Die Hochzeit ist dessen Aufforderung an die Eltern und deren Partner zu kooperieren. Sie ist der Qualitätstest der Kommunikation und Interaktion des Patchworksystems. Die Patchworkpaare, das ist der Begleittext des Kindes zu seinem Wunsch der Hochzeit, sind damit aufgefordert, sich bei der Planung des Festes zu engagieren. Damit werden sie von ihrem Kind – falls sie sich bis dahin aus dem Wege gegangen sind und vor allem aus der Entfernung gesehen haben – aufeinander zugeschoben. Es ist zu wünschen und zu empfehlen, dass die Paare den Wunsch ihres Kindes aufnehmen und realisieren.

Der Wunsch nach Exklusion des Patchworks

Die Familienereignisse und Familienfeste sind manchmal auch die Gelegenheit für ein Kind oder für die Kinder, um die Realisierung eines besonderen Wunsches zu bitten – bei der Hochzeit, der Beerdigung eines Elternteils, eines besonderen Festes oder einer besonderen Reise –, *dass nur die Eltern daran teilnehmen*. Der Wunsch erschüttert das Gefüge des Patchworksystems. Auf dem ersten Blick wirkt er wie der Rechnerbefehl eines *Resets* – Rückkehr zur alten, nicht aufgelösten Familie. Der Wunsch wird – verständlicherweise – von den anderen Mitgliedern des Patchworksystems als ein Angriff und eine Kränkung empfunden; deren überraschte, empörte, irritierte und deprimierte Reaktion ist verständlich. *War die Anstrengung und das Engagement im Patchwork umsonst?* Allerdings – auf den zweiten Blick – gibt das Kind mit seinem Wunsch über *seine* Wahrheit Auskunft: seine Eltern wieder zusammenzusehen. Das erwachsene Kind sagt etwas über das empfundene Ausmaß seiner familiären Katastrophe, über seinen Schmerz, seine Trauer, sein Leiden. Es sagt etwas über den jahrelang im inneren Dialog bewegten Wunsch nach einer Reparatur oder Rückkehr und über die unerträgliche Zumutung des Patchworks. *Irgendwann muss dieser Wunsch gehört werden.*

Die Patchworkpaare sind gut beraten, ihn aufzunehmen und mit den Kindern zu diskutieren; eine Frage könnte dabei besprochen werden: Ob der Wunsch der Exklusion gegenüber den ausgeschlossenen Mitgliedern fair und angemessen ist. Der Wunsch des Kindes revidiert nicht die Wirklichkeit und die Geschichte des Patchworks. Er macht auf die Lebensanstrengung des Kindes, die Patchworkkonstellation ertragen, ausgehalten, zu ihr geschwiegen und ihr zugestimmt zu haben, aufmerksam. So gesehen dürften alle Mitglieder des Patchworksystems das späte Sprechen verstehen können. Ob der Wunsch nach Exklusion realisiert wird, hängt davon ab, inwieweit er als eine Rückkehr, eine Reparatur oder als eine Vergeltung besprochen und toleriert werden kann als der Ausdruck einer alten, nicht vernarbten Wunde des Patchworks.

III Ausblick

Kurzer Leitfaden fürs Leben im Patchwork

1. Das Patchworkpaar, das mit seinen Kindern den Alltag zu leben beginnt, sollte die Komplexität der familiären Wirklichkeit nicht übersehen und auch nicht unterschätzen. Gleichzeitig neigt es oft dazu, seine psychosozialen Fähigkeiten (des Beziehungsverständnisses und der Beziehungsgestaltung) zu überschätzen.
2. Das Patchwork ist durch familiäre Zellteilung entstanden: Aus der alten Familie sind zwei Familien geworden. In den beiden Familien leben die Elternteile getrennt mit oder ohne einen Partner oder eine Partnerin. Die beiden Patchworkfamilien bilden ein Patchworksystem, in dem die Kinder des getrennten Paares verkehren. Die beiden Patchworkfamilien sind aufeinander bezogen und miteinander beschäftigt; sie sind im Interesse der Kinder zur Kooperation verpflichtet und zur Abstimmung aufeinander.
3. Die beiden Patchworkfamilien müssen dabei einen Modus der Bezogenheit *und* der Getrenntheit aushandeln und eine tragfähige Wirklichkeit des Umgangs etablieren. Das heißt, die getrenntlebenden Elternteile vertiefen und realisieren im Patchworksystem ihre Trennung voneinander. Als Liebespaar haben sie ihre Beziehung aufgelöst, als Elternpaar sind sie (weiterhin gesetzlich) verpflichtet, sich zum Wohl ihrer Kinder zu verständigen und ihre Elternschaft fortzusetzen.
4. Konflikte der Kooperation müssen zum Wohle der Kinder ausreichend geklärt werden; die Elternteile sollten dazu bereit sein und sich *nicht* verweigern.

5. Die Fortsetzung der Elternschaft bedeutet, dass die Elternteile sich darauf verständigen und dazu verpflichten, dass für die Kinder der Zugang zu ihren Eltern einfach und stets offen sein sollte. Über die Rhythmen und Frequenzen der Besuche der Elternteile verabreden sich die Eltern zum Wohl ihrer Kinder.
6. Der Partner und die Partnerin der Elternteile sind dabei Beobachter und Beobachterin und Teilnehmer und Teilnehmerin des Prozesses, wie die Eltern die Fortsetzung ihrer Elternschaft aushandeln und kooperieren; sie sind am Gelingen des Prozesses beteiligt, indem sie ihn unterstützen.
7. Für die Patchworkfamilie wird empfohlen, das Präfix *stief-* weder für den Partner (Stiefvater), für die Partnerin (Stiefmutter) noch für die Kinder (Stiefkinder) zu verwenden, um *offen*zuhalten, welche Beziehungen sich einstellen können zwischen den Kindern und der Partnerin oder dem Partner. Die Kinder wünschen keine Ersatzeltern; sie möchten nicht von einem Stiefelternteil bedrängt werden. Die Partnerin oder der Partner wünscht möglicherweise auch nicht, sofort in ein elterliches Ersatzamt gedrängt zu werden. Die Eltern der Partner und der Partnerinnen sollten ebenfalls nicht als Stiefgroßeltern adressiert werden.
8. Das Patchworkpaar beachtet und schützt die Bindungen der Kinder an *beide* Elternteile. Das schließt den Grundsatz ein, den abwesenden Elternteil für die Kinder zu erhalten, indem die guten Bilder der Kinder vom abwesenden Elternteil weder entwertet, irritiert noch beschädigt werden – auch bei erheblichen Konflikten zwischen den Elternteilen; die Kinder sollten damit nicht belastet werden.
9. Die Partnerin oder der Partner des Elternteils belässt das getrenntlebende Elternpaar in seinen Rollen, Funktionen und Pflichten; sie oder er mischt sich nicht ein in die Aufgaben des Elternpaares. Der Partnerin oder dem Partner ist zu raten, die eigenen Impulse der Rivalität und der Eifersucht (möglichst) ausreichend zu kontrollieren und sich zu beob-

achten hinsichtlich (verständlicher) Fantasien, die bessere Mutter oder der bessere Vater sein zu können. Sie oder er folgt *zunächst* der Orientierung an den Verhaltensbildern des Gastes, des Mentors oder der Mentorin, des Freundes oder der Freundin oder eines (fernen) Verwandten. Welche Beziehungen sich etablieren, muss man sehen.

10. Die Partnerin oder der Partner drängt sich deshalb den Kindern als Elternersatz nicht auf; sie oder er wartet auf die Beziehungsangebote der Kinder; sie oder er stellt sich zur Verfügung; sie oder er orientiert sich am Prinzip der Fairness, der Redlichkeit, der Aufrichtigkeit und der Vernünftigkeit; sie oder er wird sich in ihren oder seinen Beziehungsangeboten mit dem Elternteil abstimmen.
11. Das Patchworkpaar sollte sich nach dem Prinzip der relativierten Elternschaft abstimmen. Der Elternteil ist zuständig für die Differenzierung und Integration der familiären Vergangenheit und Gegenwart – der alten, aufgelösten und der neuen Patchworkfamilie. Er ist zuständig für die elterlichen Aufgaben der Behauptung und Durchsetzung (Disziplinierung) vernünftiger Lebensformen und Lebensprinzipien. Er ist zuständig für die Integration (Platzanweisung) der Partnerin oder des Partners in der Familie hinsichtlich der Aufgaben und Funktionen. – Die Partnerin oder der Partner ist zuständig für die Gegenwart: für die Kultur der Patchworkfamilie. Sie oder er wird auf die Einhaltung der gemeinsam vereinbarten Regeln und Verpflichtungen achten und gegebenenfalls daran erinnern, aber nicht sanktionieren.
12. Die Patchworkfamilie ist ein konfliktreiches Gefüge. Die langfristigen Hauptprobleme sind die gegenseitige Fremdheit der familiären Kulturen und der Kampf um die Dominanz *einer* Kultur. Die Kinder halten an ihren Eltern und deren Kultur (zunächst) fest und sind desinteressiert an einer Veränderung ihrer Kultur; innerlich halten sie ihre Eltern zusammen – *gegen* das Paar der Patchworkfamilie.

Die Partnerin oder der Partner sieht sich vor die Aufgabe gestellt, die Aversion der Kinder zu tolerieren (nicht zu bekämpfen) und sich *einzufügen* in die bestehende familiäre Kultur. Dieser Prozess der Anpassung ist spannungsvoll, weil damit die Auseinandersetzung um den *zweiten Platz* (der Partnerin oder des Partners) im Gefüge des Patchworks verbunden ist, weshalb heftige Affekte der Eifersucht und der Rivalität evoziert werden. Zusammen mit dem Elternteil (und den Kindern) wird sie oder er eine gemeinsam abgestimmte Patchworkkultur zu etablieren versuchen; dieser Prozess der Integration und Modifikation wird (ungefähr) ein halbes Jahrzehnt in Anspruch nehmen.

13. Der Prozess der Auseinandersetzung um die Kultur des Patchworks ist auch ein Prozess der Selbsterfahrung von Ernüchterung und Desillusionierung.[47] *Man erkennt sich nicht wieder.* Die Erfahrung, sich anders als gewohnt zu erleben und zu erfahren, lüftet den Nebel der Selbstgewissheit und Selbstgerechtigkeit. Wenn man diese Erfahrung aufnimmt, verändert sich möglicherweise die eigene Weltsicht (und die Sicht auf das Patchwork) und das Verhältnis zu sich selbst; die Spannungen und Konflikte lassen nach; Humor und Gelassenheit werden bzw. sind möglich.
14. Im Patchwork ist eine großzügige Haltung zu empfehlen. Die Partnerin oder der Partner tritt in Vorleistung. Sie oder er kann erwarten, etwas zurückzubekommen. Ob es genug ist, muss sie oder er sehen.
15. Das sichere Zeichen, dass die familiäre Kultivierung im Patchwork gelingt, ist: die *nachlassende Befangenheit* der Akteure und Akteurinnen. Es kann Schwieriges gesagt wer-

47 »Ich finde, du störst« ist der Titel eines Interviews, das Julia Schaaf mit Wolfgang Krüger und seiner Stieftochter Katharina führte; der Untertitel sagt genug über die Anstrengung, das Patchwork auszuhalten und zu gestalten: »Der Therapeut Wolfgang Krüger und seine erwachsene Stieftochter erzählen, wie aus Feindschaft ein Vertrauensverhältnis werden kann« (Schaaf, 2017, S. 17).

> den. *Du gehst mir auf den Senkel* – ist (beispielsweise) das fröhliche Wort einer aggressiven Differenzierung, die zuerst kränkt, aber auch einlädt, ebenfalls die eigene aggressive Wahrheit zu sagen. So lässt die gegenseitige Wachsamkeit nach, die Kontrolle wird weniger streng, auf Zehenspitzen wird weniger gegangen, eine Robustheit zueinander wird möglich *(Was soll der Scheiß?)*, das Lachen gerät weniger verlegen und die Unbarmherzigkeit der Impulseruptionen lässt nach. Humor ist (wie immer) ein gutes Zeichen. Bis es soweit ist, wächst sicherlich dieses und jenes graue Haar.

Die Kultivierung des Patchworks ein natürlicher, organischer Prozess, den keiner seiner Mitglieder zu steuern in der Lage ist – wohl kann man ihn fördern oder behindern. Die Kinder werden älter und ihre Bewegungsradien werden größer. Ihre Abwesenheit nimmt zu. Sie machen andere Erfahrungen als zu Hause, die sie ins Patchworksystem importieren. Die Realität des Lebens der Kinder breitet sich aus. Der Prozess ihrer Sozialisation verschiebt die Gefüge ihrer Beziehungen – sie werden erwachsen, nehmen das Zuhause nicht mehr so wichtig, relativieren den Status ihrer Eltern und fühlen sich ihnen (mindestens) ebenbürtig und gehen ihre eigenen Wege: die Wirklichkeit der Adoleszenz setzt sich durch. Das Patchworkpaar kann aufatmen, durchatmen, sich zurücklehnen und abwarten, was die Zukunft des Patchworksystems vorhält.

Was bleibt?

Die Frage *Was bleibt?* interpunktiert die eigene Lebensgeschichte. Das Bilanzieren im inneren Dialog (das Erinnern und das Vorausfantasieren) gehört zu den täglichen psychischen Bewegungen, die je nach Lebenssituationen und Lebensalter das eine Mal zunehmen, das andere Mal abnehmen. Die Last der Vergänglichkeit schmerzt enorm. Die Lebensuhr tickt. Die Lebenszeit verstreicht im Alltag. Die Frage *Was bleibt?* wird im Alltag des Patchworks wahrscheinlich ständig auf die eine oder andere Weise gestellt – ausgesprochen und unausgesprochen. Sie ist, wenn die Anstrengung des Patchworks abgewogen wird, die Frage der Sorge nach der Lebensaussicht – nach dem Ertrag des Lebensentwurfs.

Die Antwort auf die Frage *Was bleibt?* gibt nur die eigene Lebensgeschichte. Man kommt nicht umhin, seinen Lebensentwurf zu erproben – sich für ihn zu entscheiden und ihn zu leben. Man lebt ihn, so gut man kann. Was man im Leben (zur Lebenszeit) erreicht, muss ausreichen. Damit muss man zurechtkommen. Wenn man (einigermaßen) nüchtern mit sich ist, gelingt es vielleicht im Prozess des Alterns, sich zu sagen: *Mehr war und ist nicht drin.* Die Lebensfantasien reichen gewöhnlich weiter als der eigene Lebenshorizont. Vom Lebensentwurf bleibt – sehr wahrscheinlich – ein Rest an Lebenswünschen übrig; mit dem zunehmenden Lebensalter wird der Ausgriff in die Zukunft weniger weit. Was bleibt von den Erfahrungen im Patchwork?

Der Patchworkfamilie ging die dramatische Entscheidung des Elternteils oder der Elternteile voraus, ihre Liebesbeziehung aufzugeben und aufzulösen. Der Elternteil oder beide Elternteile verbanden damit ihre Hoffnung auf ein befriedigendes, zufriedenes Leben, ihren Kindern bereiteten sie eine Lebenskatastrophe. Schwierige Lebensentscheidungen können sich als produktiv erweisen. Auch eine Katastrophe kann man überleben. Wie man sie überlebt, ist die Frage. Die Zeit heilt sicherlich *nicht* alle Wunden. Das christlich konnotierte Verbum *heilen* verspricht viel, wahrscheinlich zu viel: Aus der verletzten Haut, zum Beispiel, verschwinden nicht die Spuren der Verletzung; Wunden vernarben im besten Fall – mehr oder weniger gut oder schlecht. Die Lebensverletzungen bleiben. Wie und ob sie in einer lebensfähigen Form balanciert werden können, beantwortet die eigene Lebensgeschichte.

Zwei Beispiele aus Patchworksystemen:

Erstens: Petra Lohninger[48], die Mutter von drei Söhnen, verließ ihre Familie und zog zu ihrem Freund, den sie später heiratete und mit dem sie zwei Kinder hat. Die Trennungsauseinandersetzungen mit ihrem ersten Mann und ihren Söhnen waren unversöhnlich feindselig mit der Folge, dass Petra Lohninger auf ihr Umgangsrecht verzichtete und ihren Söhnen erklärte, sie nicht mehr zu besuchen. Nach sechs Jahren unternahm sie mit einem Brief an ihre Söhne einen Kontaktversuch, der äußerst abweisend per E-Mail quittiert wurde. Einen weiteren Kontakt mit ihren Söhnen gab es in den insgesamt dreizehn Jahren ihrer Exklusion nicht. Sie hofft und wartet auf einen Besuch von zumindest einem ihrer Söhne.

Zweitens: Wolfgang Krüger[49] war der Partner von Katharinas Mutter; zehn Jahre lebte er mit der Mutter und deren Tochter

48 Petra Lohninger ist der Name der Mutter, von der Katrin Hummel in ihrem Text »Mutter ohne Kinder« (2015, S. 48f.) berichtet.

49 Interview, das Julia Schaaf mit ihm und Katharina Münzer führte (Schaaf, S. 17). In ihrem gemeinsam verfassten Buch *Überleben in der Patchworkfamilie* (2016) beschreiben Wolfgang Krüger und Katharina Münzer die Geschichte der Evolution ihrer Beziehung als Partner und als Tochter der Mutter.

in einem Patchworkgefüge. Die Mutter und Wolfgang Krüger trennten sich. »Das Verblüffende war«, erzählte er, »dass Katharina damals sagte: Wenn sich meine Mutter trennt, ist das ihre Sache. Aber wir bleiben in Verbindung. Es war ihre Entscheidung, dass unsere Beziehung aktiv bestehen bleibt.« Katharina ergänzte: »Durch unsere Konflikte hatten wir so viel durchgestanden, dass wir eine gefestigtere Freundschaft hatten.«

Petra Lohninger machte die Erfahrung, dass ihr Entschluss, ihre Familie aufzugeben, irreparable Verletzungen hinterließ – ihr wurde bislang nicht verziehen. Die Hoffnung auf eine Wiederbegegnung mit ihren Söhnen hochzuhalten und nicht nachzulassen, ist enorm schwierig. Die Entscheidung ihrer Exklusion war klug, tapfer und bitter. Wenn Beziehungen so feindselig-vernichtend intendiert sind, dass ein irgendwie Verständnis suchender, irgendwie ausgleichender Austausch unmöglich ist, muss jemand nachgeben, um dem destruktiven Kreislauf den Raum zu nehmen. Petra Lohningers Hoffnung ist begründet. Kinder sind treu und an ihren Eltern interessiert, auch wenn sie etwas anderes sagen; sie wollen wissen, wer ihre Eltern sind und sich ein eigenes Bild machen. Kinder beginnen, sich ihr eigenes Bild zu machen, wenn sie ernüchtert sind und die Idealisierung ihrer Eltern modifizieren. Das ist normalerweise der Prozess der Adoleszenz. Erwachsene Kinder machen sich manchmal sehr spät auf, die ausgeschlossenen, entwerteten, beschuldigten oder verachteten Elternteile aufzusuchen, um die ihnen vermittelten und übernommenen Bilder selbst zu überprüfen. Möglicherweise werden auch Petra Lohningers Kinder aus ihrer zweiten Ehe ein Interesse entwickeln, ihre Geschwister aus der ersten Ehe ihrer Mutter kennenzulernen, um ihr Bild von ihrer Familie zu komplettieren.

Wolfgang Krüger gelang eine gute, tragfähige, freundschaftliche Beziehung zu dem *fremden Kind*, der Tochter seiner inzwischen von ihm getrennten Partnerin. Während er sie als *freundschaftlich* beschreibt, spricht Katharina Münzer von ihm als den *Zweitvater*, wobei Wolfgang Krüger diesen Ausdruck auch übernimmt (2016, S. 95). Bis in ihrer konfliktreichen Beziehung eine *unruhige Entspannung* (ebd., S. 65) – Wolfgang Krügers Worte – einkehrte, vergingen vier Jahre; nach zehn Jahren war sie zu einer tragfähigen, regelmäßig gepflegten, guten Beziehung zwischen einer jungen Frau und einem, sich langsam dem Pensionsalter nähernden Mann geworden. Die beiden Beschreibungen *Freund* und *Zweitvater* sind anders als die Bezeichnung des Stiefvaters, die sie auch benutzen: offen und beweglich; sie sind spezifisch für ihre Beziehung zueinander und nicht von einem Klischee des *Stief* verdeckt. Beziehungen sind einmalig und nicht gleich. Nur in der raschen Erinnerung scheinen sie sich hier und da zu ähneln. Sie präzis zu beschreiben, ist schwierig. Der *Zweitvater* ist das Kompliment für das Produkt einer speziellen, gemeinsam gewonnenen Vertrautheit – gewissermaßen der Schatz guter Beziehungserfahrungen. Sie sind lebensnotwendig und unserer Anstrengung wert.

Wolfgang Krüger und Katharina Münzer erzählen in ihrem Buch *Überleben in der Patchworkfamilie* die Episode eines gemeinsamen Auftretens in einer Rundfunksendung: Wolfgang Krüger stellte Katharina Münzer als seine eigene Tochter mit seinem Namen vor – als *Katharina Krüger*. Das ging ihm wie selbstverständlich um die Lippen. Er wunderte sich sehr über sich. Er wunderte sich noch mehr, als Katharina Münzer gegen die Namensgebung nichts einzuwenden hatte; sie war damit einverstanden gewesen (ebd., S. 76). In einem Moment der Rundfunksendung war die mit der Fremdheit verknüpfte Reserviertheit zwischen ihnen *verschwunden*. Es war der Moment einer Vertrautheit und der Entwurf einer anderen interaktiven Zukunft als die vertraute Vorsicht und Kontrolle voreinander.

Was bleibt also von der Patchworkfamilie? Petra Lohninger kann es (noch) nicht sagen, Wolfgang Münzer schon. *Was bleibt?* ist vermutlich die Frage aller Eltern jedweder Familienkonstellation. Wie die Kinder nach ihrem Auszug aus dem Elternhaus den Kontakt halten, ist die gemeinsame Sorge der Eltern. Manche Kinder bleiben in der Nähe ihrer Eltern. Manche Kinder ziehen weit weg von ihrem Heimatort. Manche Kinder richten ihr Leben im Ausland oder auf einem anderen Kontinent ein – die Gelegenheiten, sich zu sehen, werden rar. Manche Kinder kehren ihren Eltern – die davon überrascht und erschüttert werden – den Rücken und brechen den Kontakt ab; sie werden für ihre Eltern unerreichbar. Dass die Eltern so überrascht werden, bedeutet: Etwas ist von den Kindern nicht gesagt worden; etwas haben die Eltern nicht wahrgenommen. Familien – nicht nur Patchworkfamilien – sind fragile psychosoziale Gefüge. Ende der 1980er Jahre veröffentlichten die beiden Soziologen Richard J. Gelles und Murray A. Straus ihre noch immer relevante Arbeit *Intimate Violence* [Vertraute Gewalttätigkeit] (1988) in nordamerikanischen Familien; sie sind der Ort gravierender aggressiver elterlicher Kontrollverluste. Ihre Arbeit sollte auch als der allgemeine Aufruf verstanden werden, die Institution der Familie zu schützen, indem die Eltern für ihr Amt ausgerüstet, unterstützt und geschützt werden. Das *Wohl des Kindes*, von unserem Grundgesetz garantiert, ist ein prekäres Gut.

Die Patchworkfamilie und das Erbrecht[50]

Im Erbrecht zählt die Blutsverwandtschaft – mit einer Ausnahme. Erben können nur die Kinder direkter, *leiblicher* Abstammung und adoptierte Kinder. Die Kinder, mit denen die Partnerin oder Partner in einer Patchworkfamilie unter einem Dach lebt, können von ihr oder von ihm – ohne entsprechende testamentarische Regelung – *nicht* erben, weshalb das Vererben in einer Patchworkfamilie gut bedacht werden sollte.

Ein häufiges Beispiel zur Illustration: Der Elternteil, Mutter von zwei Kindern aus erster Ehe, und der kinderlose Partner sind verheiratet; sie haben ein gemeinsames Kind. Elternteil und Partner verabreden ihr gemeinschaftliches Testament nach dem *Berliner Modell*, mit dem sich beide zu Alleinerben einsetzen und bestimmen, dass mit dem Tod des zuletzt Verstorbenen der Nachlass an einen Dritten fallen soll. Stirbt der Partner zuerst, erhält der Elternteil den Nachlass des verstorbenen Ehepartners. Bei dem Tod des Elternteils erben die drei Kinder der Mutter deren Nachlass zu je einem Drittel gemäß des Pflichtteilsrechts. Stirbt der Elternteil zuerst, erhält der Partner den Nachlass der verstorbenen Mutter. Im Fall des Todes des Partners ist nur sein Kind allein erbberechtigt – die Kinder der Mutter sind nicht erbberechtigt. Der Ausschluss der beiden Kinder aus der ersten Ehe der Mutter würde eine lebenslange Hypothek für ihre Beziehungen zu ihrem dritten Geschwister (aus der zweiten Ehe der Mutter) bedeuten. Patchworkpaare

---

50 Jörg Graffius aus Alsdorf danke ich für diesen Hinweis.

sollten sich frühzeitig juristisch informieren, rechtsanwaltliche Beratung suchen und die Erbfolge im Sinne ihrer Kinder in ihrem Testament regeln.

Hilfen für Patchworkfamilien

Wenn Sie Hilfe benötigen können Sie sich an verschiedene Stellen wenden:

- an die Psychotherapeutinnen und Psychotherapeuten Ihres Vertrauens in Ihrem Umkreis zur Einzeltherapie, zur Paartherapie, zur Familientherapie oder zur Gruppenpsychotherapie – das hängt von Ihrem Interesse und davon ab, welche Verfahren die jeweilige Psychotherapeutin oder der jeweilige Psychotherapeut einsetzt und empfiehlt
- an die Beratungsstellen der Kirchen und der Städte im Bundesgebiet. In manchen Städten gibt es eingetragene Vereine, die Durchsprachen familiärer Konflikte anbieten, wie beispielsweise in Köln von dem Verein *Familiensache e. V.* (Tel.: 0221-94654095).
- für die Vermittlung der Namen und Adressen von Psychotherapeutinnen und Psychotherapeuten:
  - an den *Bundesverband Psychoanalytische Paar- und Familientherapie* (www.bvppf.de)
  - an die *Systemische Gesellschaft* (www.systemische-gesellschaft.de)
  - an die *Bundespsychotherapeutenkammer* (www.bptk.de)
- für die Vermittlung der Namen und Adressen von Rechtsanwältinnen und Rechtsanwälten, die mit dem Verfahren der Mediation vertraut sind:
  - an den *Bundesverband Mediation* (www.bmev.de)

Empfohlene Literatur

Bernstein, Anne C. (1990). Deine, meine und unsere Kinder. Die Patchworkfamilie als gelingendes Miteinander. *Herder: Freiburg.*
Bei der Übersetzung handelt es sich um eine gekürzte Fassung, weshalb sich die Lektüre des Originals lohnt: Anne C. Bernstein (1989). *Yours, Mine, and Ours. How Families Change When Remarried Parents Have a Child Together.* New York: W. W. Norton & Company.

Fthenakis, Wassilios E. & Helmut Mader Stiftung (Hrsg.). (2008). Die Familie nach der Familie. Wissen und Hilfen bei Elterntrennung und neuen Beziehungen. *C. H. Beck: München.*
Das Buch ist als deutschsprachiges Nachschlagwerk für die dominierende sozialwissenschaftliche Forschung zu Fragen von Trennung, Auflösung und Neubildung von Familien zu empfehlen.

Ganonong, Lawrence & Coleman, Marilyn (2017). Stepfamily Relationships. Development, Dynamics, and Interventions. *New York: Springer.*
Informationen zu dem aktuellen nordamerikanischen Forschungsstand sozialwissenschaftlicher Forschung kann man hier finden.

Krüger, Wolfgang & Münzer, Katharina (2017). Überleben in der Patchwork-Familie. *Books on Demand: Norderstedt.*
Der kluge, lehrreiche und berührende Bericht über das buchstäblich gelungene Überleben in einer Patchworkfamilie mit Mutter, Tochter und Partner.

Ley, Katharina & Borer, Christine (1992). Und sie paaren sich wieder. Über Fortsetzungsfamilien. *Tübingen: Edition diskord.*
Die glänzende, psychoanalytisch orientierte Durchsicht von Konstellationen familiärer Reorganisation und ihrer Motiv-Dynamiken.

Marquardt, Elizabeth (2007). Kindsein zwischen zwei Welten. Was im Inneren von Kindern geschiedener Eltern vorgeht. *Junfermann Verlag: Paderborn.*
Die eindrucksvolle Beschreibung der Schockerfahrungen der Kinder und ihrer Bewältigungsversuche.

Papernow, Patricia L. (1998). Becoming a Stepfamily. Patterns of Development in Remarried Families. *Cleveland, Ohio: Gestalt Institute of Cleveland Press.*
Prägnante Systematisierung der Entwicklungsmuster familiärer Reorganisationen.

Visher, Emily B. & Visher, John S. (1995). Stiefeltern, Stiefkinder und Ihre Familien. Probleme und Chancen. *Beltz: Weinheim.*
Der Literaturklassiker zu den Problemen und Dynamiken familiärer Neuorganisationen; das Autorenpaar legte seine eigenen Erfahrungen mit der Evolution einer familiären Reorganisation zugrunde.

Wallerstein, Judith, Lewis, Julia & Blakeslee, Sandra (2002). Scheidungsfolgen – die Kinder tragen die Last. Eine Langzeitstudie über 25 Jahre. *Votum Verlag: Münster.*
Psychoanalytisch orientierte Interviewstudie über die Spätfolgen der Erfahrungen der Auflösung und Reorganisation der Herkunftsfamilie für die späteren Lebenserfahrungen der Kinder. Die Studie liefert wie die Studie von Elizabeth Marquardt einen der raren Einblicke in die inneren Welten der Kinder.

Literatur

Ahrbeck, Bernd (2004). *Kinder brauchen Erziehung. Die vergessene pädagogische Verantwortung*. Kohlhammer: Stuttgart.

Amendt, Gerhard (2004). *Scheidungsväter*. Institut für Geschlechter und Generationenforschung: Bremen.

Amendt, Gerhard (2006). *Scheidungsväter. Wie Männer die Trennung von ihren Kindern erleben*. Campus: Frankfurt am Main.

Astroh, Michael (2016). Die Sprache des anderen. Zur deutschen Übersetzung eines psychoanalytischen Klassikers. *PSYCHE, 70*(11), 1067–1073.

Beck, Ulrich & Ulf Erdmann Ziegler (1997). *Eigenes Leben. Ausflüge in die unbekannte Gesellschaft, in der wir leben*. München: C. H. Beck:.

Bernstein, Anne C. (1989). *Yours, Mine, and Ours. How Families Change When Remarried Parents Have a Child Together*. New York: W.W. Norton & Company. [Dt. Ausg.(1990). *Deine, meine und unsere Kinder. Die Patchworkfamilie als ein gelingendes Miteinander*. Zürich: Kreuz.]

Bliersbach, Gerhard (1999). Schwierige Verhältnisse. *Psychologie Heute,* (1), 36–42.

Bliersbach, Gerhard (2000). *Halbschwestern, Stiefväter und wer sonst noch dazu gehört: Leben in Patchwork-Familien*. Düsseldorf: Walter.

Bliersbach, Gerhard (2006). Wirrungen und Irrungen neuer Familienformen. Die Glücksverheißungen der Moderne und die Patchworkfamilie. *Neue Züricher Zeitung,* Nr. 162, vom 15.7.2006.

Bliersbach, Gerhard (2007). *Leben in Patchwork-Familien: Halbschwestern, Stiefväter und wer sonst noch dazu gehört*. Psychosozial-Verlag: Gießen.

Böll, Heinrich (1979). *Fürsorgliche Belagerung*. Köln: Kiepenheuer & Witsch.

Borer, Christine & Ley, Katharina (1992). *Und sie paaren sich wieder. Über Fortsetzungsfamilien*. Tübingen: edition diskord.

Bös, Nadine (2018). Die Liebe der Deutschen zur Familie. *FAZ*, vom 11.1.2018.

Boszormenyi-Nagy, Ivan (1982). *Unsichtbare Bindungen*. Klett-Cotta: Stuttgart.

Buchanan, Christy S., Maccoby, Eleanor E. & Dornbusch, Sanford M. (1996). *Adolescents After Divorce*. Cambridge, Massachusetts: Harvard University.

Bundesministerium für Familie, Senioren, Frauen und Jugend – BMFSFJ (Hrsg.). (2013). *Stief- und Patchworkfamilien in Deutschland. Monitor Familienforschung. Beiträge aus Forschung, Statistik und Familienpolitik. Ausgabe 31*. Berlin. https://www.bmfsfj.de/blob/76242/1ab4cc12c386789b943fc7e12fdef6a1/monitor-familienforschung-ausgabe-31-data.pdf (1.8.2018).

Cremer, Georg (2016). *Armut in Deutschland. Wer ist arm? Was läuft schief? Wie können wir handeln*? München: C.H. Beck.

Creutzberg, Dietrich (2017). Viele Unterhaltsverweigerer kommen durch. *FAZ*, vom 10.4.2017, S. 15.

Dorbitz, Jürgen & Diabeté, Sabine (2015). Leitbild und Kinderlosigkeit: Kulturelle Vorstellungen zum Leben ohne Kinder. In Norbert F. Schneider, Sabine Diabeté & Karin Ruckdeschel (Hrsg.), *Familienleitbilder in Deutschland. Kulturelle Vorstellungen zu Partnerschaft, Elternschaft und Familienleben*. Opladen: Barbara Budrich.

Elias, Norbert (1992). *Über die Einsamkeit der Sterbenden*. Frankfurt am Main: Suhrkamp.

Erikson, Erik Homburger (1965). *Kindheit und Gesellschaft*. Stuttgart: Klett.

Erikson, Erik Homburger (1966). *Identität und Lebenszyklus*. Frankfurt am Main: Suhrkamp.

Ford, John (Regisseur). (1952). *The Quiet Man [Der Sieger]* [Spielfilm]. USA.

Frankfurter Allgemeinen Zeitung – FAZ (2018). Arme Familien wurden reicher gerechnet. *FAZ*, Nr. 33, vom 7.2.2018, S. 20.

Freud, Sigmund (1914f). Zur Psychologie des Gymnasiasten. In ders., *GW X*, S. 203–207.

Freud, Sigmund (1916–17a 1915–17). *Vorlesungen zur Einführung in die Psychoanalyse. GW XI*.

Funke, Dorett (2017). In welchen Familien leben wir eigentlich? Die Kernfamilie – ein aufschlussreicher soziologischer Begriff zur Analyse gegenwärtiger Familienformen. *Familiendynamik*, (2), 134–145.

Fthenakis, Wassilios & Helmut Mader Stiftung (2008). Die Familie nach der Familie. Wissen und Hilfen bei Elterntrennung und neuen Beziehungen. München: C.H. Beck.

Ganonong, Lawrence & Coleman, Marilyn (2017). Stepfamily Relationships. Development, Dynamics, and Interventions. New York: Springer.

Gelles, Richard J. (2017). Intimate Violence and Abuse in Families. New York: Oxford University Press.

Hummel, Katrin (2015). Mutter ohne Kinder. Magazin der FAZ, Dez. 2015, S. 48–49.

Hummel, Katrin (2016). Die Kleinsten unter den Vielfliegern. *Frankfurter Allgemeine Sonntagszeitung*, Nr. 1, vom 10.1.2016, S. 16.

Jaeger, Mona (2016). Die Geburtenrate bleibt niedrig. Wie bei anderen familienpolitischen Maßnahmen ist auch beim Betreuungsgeld die Wirkung gering. *FAZ*, Nr. 81, vom 7.4.2016, S. 10.

Kelly, B., Percival, B. , Bolt, B & Fellowes, J. (Regisseure). (2010–2015). *Downton Abbey* [TV-Serie]. UK: Carnival Films.

Koschorke, Albrecht (2011). Die Heilige Familie und ihre Folgen. Frankfurt am Main: Fischer Taschenbuch.

Koschorke, Martin (2008). Abgestufte Elternschaft. *Familiendynamik, 33*(4), 372–385.

Kraus, Josef (2013). *Helikopter-Eltern. Schluss mit Förderwahn und Verwöhnung*. Reinbek bei Hamburg: Rowohlt.

Krüger, Wolfgang & Münzer, Katharina (2016). Überleben in der Patchworkfamilie. Norderstedt: Books on Demand.

Kunkel, Peter-Christian (2018). Leserbrief in der *FAZ*, Nr. 37, vom 13.2.2018, S. 6.

Laplanche, Jean & Pontalis, Jean-Bertrand (1972). *Das Vokabular der Psychoanalyse*. Frankfurt am Main: Suhrkamp.

Legendre, Pierre (1998). *Das Verbrechen des Gefreiten Lortie. Abhandlung über den Vater*. Freiburg im Breisgau: Rombach.

Ley, Katharina & Bohrer, Christine (1992). *Und sie paaren sich wieder. Über Fortsetzungsfamilien*. Tübingen: edition diskord.

Liebeneiner, Wolfgang (1956). *Die Trapp-Familie*. BRD: Divina.

Limbach, Jutta (Hrsg.). (2008). *Eingewanderte Wörter*. Hueber: Ismaning.

Marquardt, Elizabeth (2005). *Between Two Worlds. The Inner Lives of Children of Divorce*. New York: Three Rivers Press. [Dt. Ausg. (2007). *Kindsein zwischen zwei Welten. Was im Inneren von Kindern geschiedener Eltern vorgeht*. Junfermann: Paderborn.]

McKibben, Bill (1990). *The End of Nature*. London: Penguin Books.

McKibben, Bill (2010). *Eaarth. Making a Life on a Tough New Planet*. New York: Times Books.

Moorhouse, Jocelyn (Regisseur). (1995). *How to Make an American Quilt [Ein amerikanischer Quilt]* [Spielfilm]. USA: Universal Pictures Amblin Entertainment.

Ozon, François (Regisseur). (2004). *5 X 2* [Spielfilm]. Frankreich.

Papernow, Patricia L. (1998). *Becoming a Stepfamily. Patterns of Development in Remarried Families*. Cleveland, Ohio: Gestalt Institute of Cleveland Press.

Schaaf, Julia (2017). »Ich finde, du störst«. *Frankfurter Allgemeine Sonntagszeitung*, Nr. 2, vom 15.1.2017, S. 17.

Schneider, Norbert F., Diabaté, Sabine & Ruckdeschel, Kerstin (Hrsg.). (2015). *Familienleitbilder in Deutschland. Kulturelle Vorstellungen zu Partnerschaft, Elternschaft und Familienleben*. Opladen: Barbara Budrich.

Visher, Emily B. & Visher, John S. (1995). *Stiefeltern, Stiefkinder und Ihre Familien. Probleme und Chancen*. Weinheim: Beltz.

Wallerstein, Judith, Lewis, Julia & Blakeslee, Sandra (2002). *The Unexpected Legacy of Divorce. A 25 Year Landmark Study*. London: Fusion Press London. [Dt. Ausg. (2003). *Scheidungsfolgen – die Kinder tragen die Last. Eine Langzeitstudie über 25 Jahre*. Münster: Votum.]

Weiss, Peter (1964). *Abschied von den Eltern*. Frankfurt am Main: Suhrkamp.

Widmer, Peter (1997). *Subversion des Begehrens. Eine Einführung in Jacques Lacans Werk*. Wien: Turia + Kant.

Winnicott, Donald Woods (1993). Talking to Parents. Addison-Wesley Publishing: Wokingham, England.

Winnicott, Donald Woods (2006). *Reifungsprozesse und fördernde Umwelt*. Gießen: Psychosozial-Verlag.

Winnicott, Donald Woods (2008 [1982]). Von der Kinderheilkunde zur Psychoanalyse. Gießen: Psychosozial-Verlag. [Orig.-Ausg. *Through Paediatrics To Psycho-Analysis*. London: Hogarth Press.]

Winnicott, Donald Woods (2015). *Vom Spiel zur Kreativität* (14. Aufl.). Gießen: Psychosozial-Verlag.

Winnicott, Donald Woods (2017). Familie und individuelle Entwicklung. Gießen: Psychosozial-Verlag.

Wise, Robert (Regisseur). (1965). *The Sound of Music [Meine Lieder – meine Träume]* [Spielfilm]. *USA: 20th Century Fox Studios.*

Karin Flaake

Neue Mütter – neue Väter

Eine empirische Studie zu veränderten Geschlechterbeziehungen in Familien

November 2014 · 312 Seiten · Broschur
ISBN 978-3-8379-2335-3

Hausmänner und Rabenmütter? Veränderungen der Geschlechterverhältnisse stellen junge Familien vor neue Herausforderungen.

Trotz Aufklärung und Emanzipation stellt sich in vielen Familien mit der Geburt des ersten Kindes ein »Traditionalisierungsschub« ein – die Frau bleibt zu Hause, der Mann verdient das Geld. Gemeinsam für Kinder, Hausarbeit und Einkünfte zuständig zu sein, ist eine Herausforderung für Eltern. Dennoch profitieren oft sowohl die Eltern als auch die Kinder davon. Wie verändern sich Geschlechterbilder dadurch? Wie sehen typische Konflikte in der Paarbeziehung und in der Familie aus? Die gleichberechtigte Arbeitsteilung der Eltern kann zur Bereicherung der Rollenverständnisse der Kinder führen: Der Entwurf von Männlichkeit wird um Aspekte wie Fürsorge und familiale Verantwortung erweitert, Mütterlichkeit und kontinuierliche Berufstätigkeit stellen keinen Widerspruch mehr dar.

Die Autorin legt eine differenzierte psychoanalytisch orientierte empirische Studie vor, in der sowohl Eltern als auch Kinder zu Wort kommen. Innere, oft unbewusste Bindungen an traditionelle Geschlechterbeziehungen werden ebenso deutlich wie die Bedingungen, Möglichkeiten und Grenzen ihrer Neugestaltungen.